www.tredition.de

AF177090

Für Ursula

Berthold Thiel

Flaschenpost
im
Wüstensand

Anregungen eines urbanen Landeis
zum Selber-Denken

www.tredition.de

Lektorat: Ursula M. Franke

Verlag & Druck: tredition GmbH, Halenreie 40-44,
22359 Hamburg

ISBN
Paperback   978-3-347-32482-4
Hardcover   978-3-347-32483-1
e-Book   978-3-347-32484-8

Inhaltsverzeichnis

Fotomania

Die Manie, unaufhörlich und allerorten alles und jeden mit Kamera oder Smartphone in ein Bild zu bannen, verbindet in sich den Allmachtswahn des modernen Subjekts mit der rituellen Bewältigung, der unsere Urahnen aus grauer Vorzeit ihre Angst vor dem Unbekannten unterzogen: Indem alle Welt geknipst wird, wird sie in Bann geschlagen und festgehalten, auf daß keine Gefahr mehr ausgehe von ihr.

Die fotografische Weltherrschaft über Landschaften, Dinge und Personen läßt diese in den Besitz des Fotokraten übergehen und hält sie ihm gleichzeitig vom Leibe. So halten denn Urlaubsfotos insbesondere von einem Stück Natur oder Architektur nicht die schönsten, sondern die schlimmsten Augenblicke fest: Noch ehe das Objekt seinen Zauber auf ihn auszuüben, ihn in eine besondere Stimmung zu versetzen vermag, hat der Fotomane schon sein Bild geschossen – und ist fertig: Eiaculatio praecox. Woran wird ihn die betreffende Aufnahme beim späteren Betrachten erinnern? Daran, daß er sie geknipst hat: Dementia praecox der besonderen Art: das Vergessene hat nicht einmal existiert.

Etwas anders – und doch nicht völlig unähnlich – scheint es sich mir mit dem ebenfalls weitverbreiteten Usus zu verhalten, sich selbst und seine Freunde bei jeder sich bietenden Gelegenheit – gern in ausgelassener Stimmung, gern in Gruppenformation – zu fotografieren. Das mutet an, als wären solche Menschen von der Angst getrieben, ihr Leben für eine Illusion halten zu müssen, wenn sie Situationen gemeinsamer Ausgelassenheit nicht als beweiskräftiges Dokument ihrer Lebensfreude festhielten. Nicht von ungefähr ist diese Art der Fotomanie besonders unter Jugendlichen verbreitet: Wenn junge Menschen, die noch mitten in der Ausbildung ihrer Persönlichkeit sich befinden, der heutzutage nach Kräften geschürten Zwangsvorstellung aufsitzen, sie bedürften dafür nicht der Auseinandersetzung mit der Welt, sondern die Welt hätte grad auf sie gewartet, und sich mit ihresgleichen zusammentun, um „was zu erleben", dann besteht die Lebensfreude, die darin aufkommt, häufig genug im Zusammenwirken lauter kleiner Wirbelwinde, die je um ein Zentrum kreisen, worin die Ahnung davon keimt, daß so das Leben, welches man genießen will, nicht ist, und zugleich der unbedingte Wille west, die eigene und der anderen Ausgelassenheit doch unerschütterlich als Lebensfreude („pur") zu nehmen – weshalb die Beteiligten ihre Illusion gegen jene Ahnung rigide ins Recht setzen, indem sie sie unanfechtbar im Bild festhalten. Man muß zu diesen Menschen gehören oder mit dem einen oder anderen der Abgelichteten befreundet oder gut bekannt sein – andernfalls findet man in der Regel solche Fotos auf eine sehr grundlegende Weise nichtssagend und langweilig.

(22.08.2014)

Hip-Hop

„Hip-Hop ist Nazi-Musik!", bemerkte Freund Alfred W. Hilmarson neulich in einem Gespräch mit mir; und wie meist noch seine maßlosesten Übertreibungen enthält auch diese hier nicht nur ein Körnchen Wahrheit, sondern einen dicken, harten wahren Kern: Sofern nämlich im Hip-Hop – vielleicht durchaus im Gegensatz zu seinen möglicherweise ursprünglich vorhanden gewesenen sozialprotestlerischen Intentionen – die Verherrlichung des ökonomischen, sozialen und kulturellen Ghettoelends samt antisemitischem, homophobem und frauenfeindlichem Gangstertum betrieben wird, eignet ihm durchaus etwas Völkisches, Faschistoides. Und der Musikstil mit seiner uniformen dilettantischen Rhythmik und seiner deutlichen Tendenz zur Gleichschaltung wie auch zur ästhetischen Vernichtung (– der Hip-Hop-Stil vernichtet dabei auch alles, was er coveringshalber an Fremdem sich einverleibt –) verleiht solchem Fascho-Kitsch den angemessenen (un)ästhetischen Klangteppich.

(24.08.2014)

Auchmenschen

Immer wieder gern werden in Debatten und Diskussionen sog. Auchmenschen erwähnt – von den einen aus Gedankenlosigkeit, von anderen, um gleich zu einem großen Aber überzuleiten. Wer da nicht alles zu den Auchmenschen zählt! Hier ein paar Beispiele:

- Andersfarbige sind Auchmenschen;
- Andersgläubige sind Auchmenschen;
- Androgyne Frauen und Männer sind Auchmenschen;
- Ausländer sind Auchmenschen;
- Behinderte sind Auchmenschen;
- Frauen sind Auchmenschen;
- Homo- und Bisexuelle sind Auchmenschen;
- Juden sind Auchmenschen.

Was den Auchmenschen, bei aller Heterogenität der in diese Kategorie fallenden Individuen, grundsätzlich auszeichnet, ist, daß es sich bei ihm um keinen richtigen Vollmenschen handelt: als *Auch*mensch, d. h. als eine Art Android, als Quasi-Mensch steht er immer mehr oder weniger unterhalb des eigentlichen Menschen – was den einen oder anderen vom

Auchmenschen auch schon mal als einem Untermenschen sprechen läßt.

(16.09.2014)

Zerstreuung

Man zerstreut sich: bei Spiel und Spaß, beim Internet- und Fernseh-Kucken oder im Kino, auf dem Rummelplatz oder im Erlebnispark, in Café und Kneipe; beim spontanen Gespräch mit Freunden, beim Spaziergang, beim Lesen der Zeitung oder eines Romans ... Man zerstreut sich, wenn und indem man weder ganz bei sich ist noch einem oder mehreren Menschen, einer Sache, einer Leidenschaft oder einer Situation ganz sich hingibt. Man war vielleicht konzentriert: auf eine Arbeit, bei der Lektüre eines philosophischen Buches oder involviert in eine politische Debatte; vielleicht hat man grad intensiv geliebt oder hat einer sonstigen Leidenschaft glühend gefrönt – und nun zerstreuen sich die vorher auf Eines konzentrierten Kräfte, der Körper entspannt sich, die Sinne fliegen aus, sich anderem zu öffnen, und wohlig ermattet liegt man neben der oder dem Liebsten oder sitzt bei Sonnenschein draußen am Tisch eines Straßencafés vor einem Cappuccino oder einem frischen Bier und steckt sich 'ne Lulle ins Gesicht ... Wie auch immer: jetzt gibt es nicht Zweck noch Ziel, Gedanken und Sinne vagabundieren durch die Weltgeschichte und lassen sich gleich oder bald wieder gefangennehmen durch verschiedenes, was sich ihnen rundherum, auf dem Schirm, auf Papier, aus Lautsprechern oder im eigenen Kopf darbietet – aber ohne sofort wieder vollständig sich zu konzentrieren oder wirklich sich hinzugeben. Das Ich dissoziiert vor sich hin und ist nirgends so recht.

Konzentration oder Hingabe einerseits, Zerstreuung andererseits: beider Zustände im ständigen Wechsel bedarf es. Fehlt das eine oder das andere oder kommt es zu kurz, mangelt es an (Kontur der) Persönlichkeit oder an Aufgeschlossenheit: Man wird zum Getriebenen der Sinne und inneren Impulse im einen, zum Besessenen oder zum komischen Kauz im andern Fall. (Beides bedeutet Unfreiheit.)

Konzentration und Hingabe werden heute wohlzwar häufig eingefordert – allein: die Zerstreuung wird mehr und mehr zum einzigen Prinzip, zur Grundverfassung des Geistes. So blöde die Rede von der Freizeitgesellschaft auch ist: ihr eignet immerhin die Registrierung des tatsächlichen Sachverhalts, daß die Freizeit – in ebendieser Rede immer als Gegenpol, als Komplementärstück zur Erwerbsarbeit verstanden – den spielerischen und entspannenden Ausgleich zur ernsten und angespannten

Arbeit darstellt und als dieser Ausgleich eine immer gewichtigere, immer umfassendere Rolle spielt. Das hat natürlich und wesentlich mit der zunehmenden Bedeutung des Freizeit- und Unterhaltungsmarktes zu tun: Das Bedürfnis, sich von der Arbeit zu *erholen*, ist vom Gegenpart der Arbeit, dem Kapital, als Geschäftssphäre entdeckt worden und wird von ihm in immer vielfältigerer und raffinierterer Weise bedient. Hand in Hand einher damit – ohne daß man recht zu urteilen vermöchte, was Ursache, was Wirkung sei – geht die „Erholisierung" des Geistes: Mehr und mehr meinen die Menschen in der modernen und postmodernen Gesellschaft, die in der Arbeit ganz außer sich sind, in der bloßen Erholung, in der reinen Zerstreuung endlich ganz bei sich zu sein. Ausgerechnet! Sind sie im Arbeitsleben zur Gänze Bedingungen ausgesetzt, die sie nicht in der eigenen Hand haben, und Zwecken unterworfen, die nicht die ihren sind, so lassen sie sich in ihrer Freizeit zum Spielball von diffusen Eindrücken und Impulsen machen; ihr Ich zerstreut sich und ist überall und nirgends. Da wird pizzaessenderweise mitunter gleichzeitig getwittert, telefoniert, ferngesehn, Musik aus dem Netz gesaugt, per Facebook oder via eMail ein Date vereinbart und nebenher womöglich noch an der Bachelor-Arbeit rumgedoktert.

Diese Tendenz treibt in der Welt der modernen Medien besonders extreme Blüten, die auf den Geist zurückwirken: Smartphone, Facebook und Twitter sind Werkzeuge und Medien, die die Persönlichkeit zur völligen Zerstreuung: nämlich zur vollendeten Zerstreut*heit*, zur Auflösung verführen bzw. so etwas wie Persönlichkeit möglicherweise gar nicht erst heranreifen lassen: Das Ich verliert sich in der virtuellen Welt. Die Bemerkung Adornos in seiner *Minima Moralia*, daß es „bei vielen Menschen ... bereits eine Unverschämtheit [ist], wenn sie Ich sagen", stellt in der heutigen (nach-)bürgerlichen Gesellschaft Wahrheit nicht mehr, wie zu Adornos Zeiten, bloß über „viele", sondern über womöglich die Mehrheit der in ihr lebenden Menschen dar.

Im Zuge der permanenten Revolutionierung der Arbeitswelt durchs Kapital greift das geistige Prinzip der Zerstreutheit auch zusehends auf diese Arbeitswelt über und dort in wachsendem Maße Raum – ohne dabei das Spannungsfeld zwischen ihr und der Freizeit zu beseitigen: Konzentration gibts im Arbeitsleben mehr und mehr nur noch fragmentarisch und in sog. professioneller, d. h. gleichgültiger, mechanischer Weise; m. a. W.: Die mechanische Vereinseitigung der geistigen und körperlichen Kräfte, die einst das Schicksal der Fabrikarbeiter war, ist zum allgemeingültigen Prinzip der Arbeitswelt geworden – und wird nun, im Unterschied zu früher, *viel*seitig genutzt: Die geistlose, geistzerfressende Form von Aufmerksamkeit verteilt sich jetzt auf mehrere Gegenstände bzw. Vorgänge gleichzeitig. Dieses zunehmende Multitasking der menschlichen Arbeitskraft befördert sicherlich nicht die Qualität der Prozesse – weshalb ja auch in wachsendem Maße ein *Qualitätsmanagement*, eine *extra Anstrengung* für die Qualitäts*sicherung* zum Arbeitsprozeß *hinzutreten* muß –, dafür aber auf jeden Fall die Rentabilität und Profitabilität der Arbeitskraftnutzung. Mag sein, daß das Prinzip allgemeiner geistiger Zerstreutheit die Arbeitswelt nicht bloß erfaßt hat, sondern vom Streben des Kapitals nach möglichst allseitiger Nutzung der Arbeitskraft überhaupt allererst in die Welt gesetzt worden ist – entscheiden will ich das an dieser Stelle nicht. Aber eine Korrespondenz zwischen beiden Phänomenen besteht unbedingt.

Die Degradierung des Arbeiters zum Anhängsel der Maschine hat solcherart sich entwickelt zur Entseelung aller Erwerbsarbeit. Noch die wachsende Berücksichtigung von „Befindlichkeiten" und der zunehmende Einzug kommunikationspsychologischer Regulierungen in Betriebe und Unternehmen zeugen von der Entgeistigung und Entseelung des Erwerbslebens: Das seelische Befinden des Einzelnen wird zum Kalkül der betriebswirtschaftlichen Rechnungsführung, und *statt* daß miteinander *gesprochen* wird, wird *nur* noch „kommuniziert": Worthülsen wechseln nach strengen Regularien zwischen den „Kommunizierenden" hin und her. (Dieses Schicksal hat die u. a. von Paul Watzlawick mitbegründete Kommunikationspsychologie, auf die ich keine geringen Stücke halte, wahrlich nicht verdient.)

Die Zerstreutheit also ist allgemeines Prinzip geworden – und ihr euphorisch-euphemistisches Motto hat sie in der Devise gefunden, daß man permanent neu sich erfinden müsse. Klar: wer keine Persönlichkeit hat, muß – ganz situationsgerecht, versteht sich – ad hoc dauernd neue Persönlichkeiten, genauer: Persönlichkeitssurrogate erfinden. Das Individuum, von der Philosophie der Aufklärung ursprünglich gedacht als unverwechselbare Persönlichkeit, die in ihm – dem Individuum – selbst ihre Substanz hat, ist zur flexible response auf

Situationen, Gegebenheiten und Impulse geraten: in ebendiesem Sinne zu einem bloßen „Reaktionär" geworden.

Wo keine Persönlichkeit west, herrscht auch niemand, der wirklich – im Kantschen Sinne – über Urteilsvermögen zu verfügen sich rühmen könnte: *Gedankenlosigkeit* macht mehr und mehr sich breit – in der Arbeitswelt sowohl wie in der Sphäre der Freizeit. Das ist auch zu bemerken am zunehmenden Verfall von Sprache und Schrift – den beiden objektiven Medien des Denkens: Kaum jemand mehr vermag inzwischen noch fehlerfrei einen ganzen Satz über die Lippen, geschweige denn zu Papier zu bringen oder in die Tastatur zu hacken. Bemerken kann man die wachsende Zerstreutheit ebenfalls daran, daß es fast unüblich schon geworden ist, konsequent und kontinuierlich auf ein Ziel, einen Zweck hin zu arbeiten: Mehr und mehr Menschen bekommen einfach nix mehr auf die Reihe. Selbst Liebe und Sex dienen nur noch der Zerstreuung und sind zumeist so voller Spannung und Erregung wie der Eindruck, den man gewinnt, wenn man die Zunge zum Fenster rausstreckt.

Gemessen an der herrschenden Zerstreutheit stellt die Figur des zerstreuten Professors direkt noch einen liebenswerten Charakter dar: Ganz gefangen von seinem – wie man heute sagen würde: – „Projekt", vermag der Professor, der diesem „Projekt" vollkommen, ja besessen sich verschrieben hat, bei den Dingen des Alltags von seiner *Konzentration* auf das „Projekt" nicht Abstand zu nehmen und sein Augenmerk auf die Notwendigkeiten des banalen Lebens zu richten – so daß er mit leerer Aktentasche, bei Sommerwetter in Winterkleidung gehüllt, zur Vorlesung geht. *Im Vergleich* zu den vielen, die in ihrer Teilhabe an der allgemeinen Zerstreutheit Künstler, zumindest Lebenskünstler sich wähnen, ist der zerstreute Professor *wirklich ein Künstler*.

(15.11.2014)

Gentleman

Daß es, wie Adorno sagt, kein richtiges Leben gebe im falschen – soll heißen: ein richtiges Einzelnes im verkehrten Ganzen eine Unmöglichkeit sei, da es als Einzelnes, als Teil des Ganzen von dessen Verkehrtheit immer schon notwendig affiziert ist –, bedeutete nicht, der Gleichgültigkeit oder der Resignation das Wort zu reden, wenn man ein gegebenes Ganzes als Verkehrtes entlarvt hat: Man kann sich immer noch so oder so zu einem Zusammenhang stellen, in dem man sich befindet. Aber noch die tiefste Einsicht ins falsche Ganze und das redlichste Bemühen um eine senkrechte Konsequenz im Handeln aus solcher Einsicht vermögen Richtiges immer nur in gebrochener Weise hervorzubringen: Niemand ist eine Insel.

Beim Typus des (modernen) Gentleman im eigentlichen Wortsinne handelt es sich um eine – im Grunde literarische – Figur, in der ein Schimmer jenes Widerspruches aufleuchtet, der darin besteht, als *Kritiker* der Verhältnisse *in* ihnen zu leben und zu handeln, ohne die eigene Kritik zu verraten: Der aufrechte Gang, der intendiert wird, ist der eines Mannes, der nicht das Triumphale vertritt, sondern das Verlorene, das er nicht verloren geben will, der mithin seine Prinzipien gegen die Welt, der er sie letztlich entnommen hat, hochhält – im Bewußtsein dessen, daß diese Prinzipien ein utopisches Moment der Realität darstellen, die dieses Moment ein ums andre Mal zuschanden macht. Das Glücksversprechen der Aufklärung gegen ihre miese Wirklichkeit zu vertreten – eine Wirklichkeit, die selbst noch als Konsequenz der Aufklärung verstanden wird: an ebendiesem Widerspruch arbeitet der Gentleman sich ab, wissend, daß er, um aufrichtig und geradlinig zu sein, gar nicht anders kann, als wieder und wieder mit der allerbesten Aussicht auf Vergeblichkeit besessen daran sich abzumühen.

Die Persönlichkeit eines solchen Gentlemans mitsamt jener Widersprüchlichkeit findet einen angemessenen literarischen Ausdruck in den Romandetektiven eines Dashiell Hammett (Sam Spade, Nick Charles), eines Raymond Chandler (Philip Marlowe) oder eines Ross Macdonald (Lew Archer) und kann treffend beschrieben werden durch die Charakterisierung, mit der Chandler seine Detektivfigur Philip Marlowe in folgender Passage aus seinem Essay *Die simple Kunst des Mordes* bedacht hat:

> „Alles, was man Kunst nennen kann, besitzt so etwas wie eine erlösende Qualität. Sie kann im rein

Tragischen liegen, wenn es sich um große Tragödie handelt, sie kann in Mitleid bestehen und Ironie, und sie kann aus dem rauhen Lachen eines starken Mannes kommen. Aber durch diese schäbigen Straßen muß ein Mann gehen, der selbst nicht schäbig ist, der eine reine Weste hat und keine Angst. Der Detektiv in dieser Art Story muß so ein Mann sein. Er ist der Held; er ist schlechthin alles. Er muß ein ganzer Mann sein und ein gewöhnlicher Mann – und zugleich doch ein ungewöhnlicher auch. Er muß, um einen ziemlich abgedroschenen Ausdruck zu gebrauchen, ein Mann von Ehre sein – aus Instinkt, aus innerster Notwendigkeit, ohne Gedanken daran, und gewiß ohne Worte darüber. Er muß der beste Mensch auf der Welt sein und ein Mensch, der gut genug ist für jede Welt. Sein Privatleben schert mich wenig; er ist weder ein Eunuch noch ein Satyr; ich denke mir, er könnte sehr wohl eine Herzogin verführen, und ich bin völlig sicher, er würde keinem unschuldigen Mädchen ein Haar krümmen; wenn er in einer Beziehung ein Mann von Ehre ist, dann ist er das in allen Dingen.

Er ist ein relativ armer Mann, sonst wäre er ja nicht Detektiv. Er ist ein einfacher Mann, sonst könnte er nicht mit einfachen Menschen umgehen. Er hat Sinn für Charakter, sonst verstünde er nichts von seinem Beruf. Er nimmt von keinem Menschen schmutziges Geld und von keinem Menschen eine Beleidigung hin, ohne sie gebührend und leidenschaftlich zu vergelten. Er ist ein einsamer Mensch, und sein Stolz ist, daß Sie seinen Stolz respektieren, sonst würde es Ihnen bald sehr leid tun, ihn kennengelernt zu haben. Er redet, wie ein Mann seines Alters redet – das heißt, mit rauhem Witz, mit lebhaftem Sinn fürs Groteske, mit Abscheu vor Heuchelei und Verachtung für alles Kleinliche.

Die Story ist das Abenteuer dieses Mannes auf der Suche nach der verborgenen Wahrheit, und es wäre kein Abenteuer, widerführe es nicht einem Mann, der fürs Abenteuer geschaffen ist. Die Weite seines Bewußtseins wird Sie vielleicht etwas überraschen, aber sie gehört ganz legitim zu ihm, weil sie zu der Welt gehört, in der er lebt. Gäbe es genügend seinesgleichen, die Welt wäre ein Ort, so sicher, daß man darin leben könnte, und doch nicht so langweilig, daß es sich nicht mehr lohnte, darin zu leben."

(Chandler, Raymond: *Die simple Kunst des Mordes*. Briefe, Essays, Notizen, eine Geschichte und ein Romanfragment, Zürich: Diogenes Verlag AG, 1975, S. 341 f.)

(22.12.2014)

Kultur (Aufblaspuppe)

Okay:
- „Alltagskultur"
- „politische Kultur"
- „Sprachkultur"
- „Subkultur" (– jedenfalls im einen oder anderen Fall)

Na ja:
- „Diskussionskultur"
- „Eßkultur"
- „Streitkultur"

Aber das hier?:
- „Abschiedskultur"
- „Lehrkultur"
- „Lernkultur"
- „Unternehmenskultur"
- „Unterrichtskultur"

Und jetzt auch noch:
- „Aufgabenkultur"
- „Beratungskultur"
- „Einkaufskultur"
- „Evaluationskultur"
- „Leistungskultur"
- „Prüfungskultur"
- „Trauerkultur"
- „Vertrauenskultur"

- „Verwöhnkultur"
- „Willkommenskultur"
- „Wohlfühlkultur"

Wann endlich?:
- „Entsorgungskultur"
- „Erbrechungskultur"
- „Klosettkultur"
- „Hinrichtungskultur"
- „Tötungskultur"
- „Vernichtungskultur"

Bei dieser galoppierenden Inflation von Kultur, die einhergeht mit einer schier grenzenlosen Fragmentarisierung und Vereinzelung in der Wahl all dessen, was da jeweils in den Rang eines Schöpfers, eines Trägers oder eines Ausdrucks von Kultur erhoben wird – mithin: wenn jeder Furz als kultureller Beitrag, als kulturelle Bereicherung zu nehmen ist (– ach ja, genau: „Flatulenzkultur" –), bleibt dem Gentleman und der Dame von Welt nur noch, eines gepflegten Kulturbanausentums (um nicht zu sagen: Kulturbolschewismus') zu frönen und, trotz der nur geringen Aussicht auf Erfolg, die, freilich äußerst dickhäutige Aufblaspuppe, die Kultur heute darstellt, zu allen möglichen Gelegenheiten mit Nadelstichen zu traktieren. Die übelriechende Luft, die dann den Einstichlöchern entweicht, ist Zeugnis eines im Innern dieser Puppe vor sich gehenden Verwesungsprozesses, der die ihr innewohnende Kumulation von Kultur als kulturzerstörerische und krankmachende Pilzkultur ausweist.

Scheiß-Kultur!

(20.02.2015)

Flüchtlinge

Während hierzulande gegenwärtig das Stichwort „Flüchtlinge" geradezu reflexartig zu Polarisierungen in der öffentlichen Debatte Anlaß gibt, bei denen beide Pole im Ausmaß ihres Zynismus' einander gleichen wie ein Ei dem andern – möglichst viele Flüchtlinge wünschen die einen sich hierher, also: möglichst viele Kriege und Krisengebiete auf der Welt, die für Flüchtlinge ja allererst sorgen, während die andere Fraktion Flüchtlinge immer nur als die Probleme zu fassen vermag, die sie „uns", tatsächlich oder vermeintlich, bereiten –, hat der Terminus „Flüchtlinge" auch schon einmal Zeiten erlebt, in denen ihm ein Klang eigen war, der die „Möglichkeit des Andersseins" (Watzlawick) verhieß. So schreibt Wolfgang Pohrt in seinem Essay über den Kriminalschriftsteller Eric Ambler (1) mit Hinblick auf den einstigen Kultfilm *Casablanca* sehr zutreffend:

> „Wie Hitchcock selber, der anders filmt als er schreibt, muß auch Ambler mindestens so sehr angezogen wie abgestoßen worden sein von der Fäulnis eines Gesellschaftsgefüges, dem nachzutrauern gerade der doktrinäre Sozialist Marukakis (2) weniger Anlaß hätte, als er zu glauben scheint. Vielmehr eröffnet erst der Zerfall dieser Ordnung Ausblicke auf eine zwar praktisch unwahrscheinliche, aber immerhin

mögliche bessere Zukunft, deren Reize der Film ‚Casablanca' eingefangen hat, der deshalb zum Kultfilm wurde, an dem man sich nicht sattsehen kann. Hier werden die Gäste von Rick's amerikanischem Café, die im Alltag bestimmt griesgrämige deutsche Bankiers oder Fabrikanten waren, als Flüchtlinge plötzlich sympathische, zur selbstlosen, Mut erfordernden Aktion nicht ganz unfähige Menschen, die mit rührender Beflissenheit an ihrer Heranbildung zu polyglotten Weltbürgern arbeiten und die fast den Eindruck erwecken, als wären sie über den Verlust von Vermögen, gesellschaftlichem Status, Heimat und Staatsbürgerschaft eher erleichtert als traurig. Sie werden dargestellt, als genössen sie es, sich plötzlich von allen Fesseln und Verpflichtungen befreit in der Situation eines Tramps oder Flüchtlings wiederzufinden, und der große Erfolg, den der Film beim Publikum hatte, legt die Vermutung nahe, nur eingefleischter Puritanismus und borniere Selbstverleugnung habe die Bürger daran gehindert, die Bürde, von der sie erdrückt werden, hinzuschmeißen und durch zumindest wohlwollende Duldung eine Umwälzung der gesellschaftlichen Verhältnisse zu unterstützen, deren Nutznießer auch sie selber wären." (3)

Heute dagegen dienen Flüchtlinge hierzulande allenfalls als Manövriermasse ökonomischer und politischer Interessen (z. B. um den Lohn zu drücken oder um in die Herkunftsländer hineinzuregieren) sowie als Projektionsflächen für deutsches Gutmenschentum auf der einen und für die Angst vor Überfremdung auf der andern Seite. Fast möchte ich, wenn's nicht in vielen Fällen selbst noch einem Zynismus zuneigte, den aktuellen Flüchtlingen vor ihrer Herreise noch zurufen: Bleibt lieber daheim – und macht dort eine anständige Revolution, die euch dort bessere Lebensbedingungen beschert! Mit einer Flucht nach Deutschland seid ihr verraten und verkauft: instrumentalisiert von und zerrieben zwischen wenig menschenfreundlichen politökonomischen Interessen, bangenden Deutschtümlern, linken Gewissenswürmern (4) und einem bürokratischen Apparat, dessen Zweck einzig in seinem quasiselbstbezüglichen Funktionieren besteht. Wirkliche Hilfe könntet ihr von Deutschland euch nur erwarten, wenn auch hier eine gescheite Umwälzung stattfände. (By the way: Im Status quo könnten die linken Gewissenswürmer hierzulande Unterstützung euch nur gewähren, indem sie euch, zumindest für eine Zeitlang, bei sich privat daheim aufnähmen und für euch sorgten. Stelltet ihr das als Forderung, würde sich der linke Ruf nach der Einreise möglichst vieler Flüchtlinge in deutsche Lande extrem schnell und ganz praktisch als pure Heuchelei entlarven: Kaum jemand von euren „linken Freunden" stünde hinter euch!)

----

(1) Pohrt, Wolfgang: *Der moderne Flüchtling · Über „Ambler by Ambler"* in: *ders.: Gewalt und Politik · Ausgewählte Reden & Schriften*, Berlin: Verlag Klaus Bittermann, 2010. Bei diesem Essay handelt es sich ursprünglich um einen Radiobeitrag in der Sendereihe „Am Abend vorgestellt" im WDR.

(2) Eine Figur aus Amblers *Maske des Dimitrios*. In beißender Schärfe und Klarheit schildert der Journalist Marukakis darin den mit dem Zerfall des Osmanischen Reiches einhergehenden gesellschaftlichen Fäulnisprozeß – einen Prozeß, über dessen die alte Ordnung auflösende Wirkung er aber, obschon Sozialist, nicht recht erleichtert zu sein scheint. (B.T.)

(3) a. a. O., S. 324 f.

(4) – die mit ihrer Flüchtlingsgeilheit und ihrem Multikulti-Wahn ein weiteres Mal die ideologische Begleitmusik zu einer Politik wirtschaftlicher und außendiplomatischer Interessen und Kalküle liefern und sich selbst damit zum nützlichen Idioten staatlich-kapitalistischer Herrschaft machen –

(09.05.2015)

Geheimnis (Vergiß es, Baby!)

Der inflationäre Gebrauch des Terminus ‚Geheimnis', wie man ihn derzeit betreibt, erweckt den Eindruck, daß es Geheimnisse scheints nicht zu entdecken mehr gibt. Allesmögliche, und sei es noch so banal oder sei's gar erstunken und erlogen, wird zum Geheimnis aufgebauscht, nur um es sodann – entgeltlich oder unentgeltlich – mit großem Tamtam sensationell zu enthüllen: das „Geheimnis des (!) Erfolges" (– kommt in zahlreichen Titeln verschiedener Erfolgsratgeber oder -seminare vor –), „Das Geheimnis kluger Entscheidungen" (Buchtitel), „Das Geheimnis glücklicher Kinder" (Buchtitel), „Geheimtipps" zur Bewahrung von Jugendlichkeit bis ins hohe Alter oder gleich das berühmte „Geheimnis ewiger Jugend", das „Geheimnis" eines rundum und dauerhaft befriedigenden Liebeslebens, das „Geheimnis" der Sterne – von populärwissenschaftlichen Astronomen ebenso bemüht wie von Astrologen –, das „Geheimnis" der heilenden Kräfte irgendwelcher Steine: (endlich) *enthüllt!*

Die (post-)moderne Gesellschaft duldet keine Geheimnisse mehr und will von allem „Geheimnisvollen" den Schleier reißen: das

„Geheimnis" guten Unterrichts, das (mathematische) „Geheimnis" der Zahlen, die (neurobiologischen) „Geheimnisse" des Gefühlslebens, das „Geheimnis" der Elektrizität, das „Geheimnis" optimaler Menschenführung: alles kein Geheimnis mehr, sondern enthüllt, enträtselt und erklärt. Die professionellen „Enthüller" gleichen einem Detektiv, der sich – und das auf wenig originelle Weise – seine sensationell gelösten Fälle einfach selber schafft. Nur ihrem eigenen Geheimnis kommt diese Gesellschaft in ihrer Enthüllungs- und Aufklärungssucht (– worin Aufklärung zur bloßen Geste verkommen ist –) nicht auf die Spur – was sie nicht weiß, aber womöglich, mehr unbewußt als bewußt, ahnt; und in Abwehr dieser Ahnung erfindet sie lauter Geheimnisse, um sie wie Pappkameraden in der Luft zu zerfetzen und sich ebendarin als eine aufgeklärte Gesellschaft zu (sug-)gerieren.

Und ebensowenig wie die Paparazzi, so wenig duldet auch das um sich selbst wirbelnde und in bloße Virtualität sich auflösende postmoderne Individuum, welches sein eigenes (meist wenig sensationelles, eher ziemlich langweiliges) Privatleben ins Netz oder sonstwie in die Öffentlichkeit stellt, bei anderen das Private, vor der Öffentlichkeit Verborgene. – Die

Erfahrung von etwas wirklich Geheimnisvollem ist ihm fremd. Daß etwas ihm noch Geheimnisvolles durch innige persönliche Erfahrung ihm sich offenbare, widerfährt ihm nicht, ist ihm womöglich unheimlich. Es trampelt durch die Landschaft, durch die Natur, oder durchrast sie mit seinem Rad – um der Gesundheit oder eines abstrakten Leistungsstolzes willen. Es sucht den Nervenkitzel, weil zur Leidenschaft, zur Hingabe ans Objekt oder an einen anderen nicht fähig. Es liebt, um geliebt zu werden. Sinn kennt es nicht, nur Zwecke. Sexualität ist ihm womöglich nie eine Offenbarung gewesen (außer vielleicht, ganz nebelhaft, bei den ersten Malen), sondern dient ihm als bloßes Mittel zum Spannungsabbau, zur Zerstreuung, zum Ausgleich des „Triebhaushalts". Es bleibt sich selbst ein ewiges Geheimnis ... ein Geheimnis, vor dessen Erfahrung, Enthüllung ihm graut – zu Recht ...

(21.07.2015)

Kommunikation (Sprachlosigkeit)

„Kriterium des Wahren ist nicht eine unmittelbare Kommunizierbarkeit an jedermann. Zu widerstehen ist der fast universalen Nötigung, die Kommunikation des Erkannten mit diesem zu verwechseln und womöglich höher zu stellen, während gegenwärtig jeder Schritt zur Kommunikation hin die Wahrheit ausverkauft und verfälscht. An dieser Paradoxie laboriert mittlerweile alles Sprachliche." (Theodor W. Adorno, *Negative Dialektik*, Frankfurt/Main: Suhrkamp Verlag, 2003, S. 51 f.)

Eines der großen Verdienste der von Paul Watzlawick mitbegründeten und vor allem von ihm publik gemachten systemischen Kommunikationspsychologie bestand in der Sichtbarmachung und ausführlichen Ergründung des Beziehungsaspektes der menschlichen Kommunikation: Der Blick auf die Beziehungsebene und die Erforschung der auf dieser Ebene ablaufenden (oder ablaufen könnenden), oft quasi-autonomen „Mechanismen" und der damit zusammenhängenden möglichen „Störungen" in der Kommunikation enthüllen im Bereich der direkten menschlichen Interaktion bis zu einem gewissen Grade die schuldlos-schuldige Verstrickung und Verstricktheit des modernen Individuums in seinen gesellschaftlichen Zusammenhang, wie Marx sie seinerzeit für die ökonomische Ebene der bürgerlichen Gesellschaft ausführlich dargestellt hat. Die allerdings schon von Anfang an vorhandene Tendenz einer gewissen Überbetonung des Beziehungsaspektes (1) brach sich dann aber bei den Epigonen der systemischen Kommunikationspsychologie schnell Bahn und verwandelte diese Disziplin mehr und mehr in ein technisches Rüstzeug gelungener Kommunikation, wobei der Gradmesser des Gelingens zunehmend vom eigentlichen Inhalt abgelöst wurde. „Macht kein Gulasch daraus", warnt Watzlawick noch einen der großen Pioniere der systemischen Kommunikationspsychologie im deutschsprachigen Raum, Friedemann Schulz von Thun, als der daran geht, den Beziehungsaspekt in die drei Ebenen: Selbstoffenbarungs-, Beziehungs- und Appellebene zu zerlegen. Später werden in Schule und Ausbildung, im Studium und auf etlichen Weiter- und Fortbildungsseminaren Schüler, Azubis, Studenten und Teilnehmer mit Schulz von Thuns Modell der vier Schnäbel und der vier Ohren („Nachrichtenquadrat" bzw. „Kommunikationsquadrat") traktiert. Kommunikation gerät dabei – in ständiger Weiterentwicklung dieses Modells – zusehends zu einer Technik, die, richtig beherrscht, erstens alle möglichen Probleme zu lösen und zweitens alle möglichen Zwecke durchzusetzen vermöchte (– um diese zweite Linie geht es insonderheit auf Verkaufs-, Management-, Unternehmens- und Politikerseminaren). Alles ist Kommunikation und Kommunikation ist alles: das ist Moses und die Propheten postmodern degenerierter Kommunikationspsychologie. Wer die Kommunikation beherrscht, beherrscht heute die „Situation", morgen den Markt und übermorgen die ganze Welt – so scheinen manche der betreffenden Strategen und Berater zu träumen.

Aber auch von der Ausschlachtung der Kommunikationspsychologie für Kapital und Politik mal abgesehn: Die regelrechte Auflösung der „kommunizierten" Inhalte und Gegenstände, um die es in Gesprächen geht und die nur über Sprache ins Bewußtsein gelangen – Sprache ist das Medium des Denkens und nicht ein bloßes Kommunikationsmittel –, in gegenseitiges Verstehen (oder den Schein davon) im Sinne einer Metakommunikation (= Kommunikation zweiten Grades, also Kommunikation über Kommunikation), läßt Sprache zum technischen Werkzeug gerinnen und solche Angelegenheiten wie Wahrheit und Sinn nicht nur zweitrangig werden, sondern, zumindest tendenziell, zu bloßen Konstrukten geraten: Für die Kommunikationspsychologie wie für den Konstruktivismus, mit dem sie von Anfang an verbandelt gewesen, sind Wahrheit und Sinn nichts anderes als, wennfrei kommunikativ vermittelte, subjektive Sichtweisen. „Ich mach mir die Welt, wie sie mir gefällt": diesem Pippilotta-Credo scheinen sich Kommunikationsberater, Coaches und kommunikationsaufgeklärte Bürger landauf, landab verpflichtet zu wissen – anstatt zu bemerken, welch eine Schizophrenie es darstellt, wenn man einerseits die Welt als etwas durchaus außerhalb des Subjekts Befindliches unterstellt (– lediglich noch radikalere Konstruktivisten als Watzlawick vertreten die Auffassung, die Welt existiere nur im Kopf – womit sie, außer der Welt, zugleich noch die Existenz des Kopfes glücklich um die Ecke gebracht haben (2) –), andererseits aber im selben Atemzug behauptet, die Wahrnehmungen des Subjekts *von* der Welt und seine Gedanken *über* sie hätten notwendigerweise *nichts* mit der Welt zu tun, und die Wirklichkeit würde sich allenfalls dann – rein negativ – bemerkbar machen, wenn das eigene Bild von ihr mit ihr konfligierte. Ein *Passen* zwischen Subjekt und Objekt soll's schon geben, aber was im Kopf des Subjekts vorgeht, soll zugleich notwendig völlig objektfremd sein.

Einem solchen Denken – auch wenn es sich das nicht eingestehen mag – geht es damit im Ziel um nichts anderes als um ein *praktisches* Passen des Subjekts *zur* Welt.

Unter der Hand nämlich wird solcher Art von Betrachtung die Welt zu einer Gegebenheit, mit der man nicht zu hadern braucht, da man nur seine Sichtweise ändern muß, um sie akzeptieren und mit ihr seinen Frieden machen zu können. Die Welt, wie sie (eingerichtet) ist, gerät so selbst zur unumstößlichen Wahrheit, in der das Individuum mittels seiner kommunikativ vermittelten Sichtweise sich einzurichten und zu bewähren, sprich: *sich ihr zu unterwerfen* hat. Sich in der Welt, wie sie ist, d. h. wie Kapital und Politik sie her- und zugerichtet haben, zu bewähren und dies als Erfüllung der eigenen Individualität zu sehen: das macht aus einem öden Kassiererinnenjob eine „berufliche Herausforderung", aus einem Müllentsorgungsangebot eine „Inspiration", aus dem Handel „Spannung pur" (Lidl) und aus der bunt zusammengewürfelten Belegschaft, die (und indem sie) unterm gemeinsamen despotischen Kommando des betreffenden Unternehmens steht, ein „Team"; psychische und existentielle Krisen werden pauschal zu „Chancen" erklärt, Krankheiten zu sinnstiftenden Momenten, „Begeisterung" meint bloß noch Mitmachen ohne Wenn und Aber, und „Engagement" bedeutet nichts anderes mehr als selbstbewußten Gehorsam. An die Stelle von Sprache tritt die Sprachregelung, der Neusprech, worin das Denken den gegebenen gesellschaftlichen und ökonomischen Notwendigkeiten sich unterzuordnen hat: Das Marxsche Diktum von der Bestimmtheit des Bewußtseins durchs (gesellschaftliche) Sein, das als *Einwand* gegen den Kapitalismus gemeint war, erhält so eine ganz neue, noch viel umfassendere Dimension. Und solange die dem Kapitalismus unterworfenen Individuen die Unterwerfung ihres Denkens unter die Resultate ihres Tuns sich gefallen lassen und bereitwilligst mitvollziehen, bleibt jenes Marxsche Diktum leider nur allzu wahr.

----

(1) Nicht nur gleichrangig neben den, sondern sogar *über* den Inhaltsaspekt läßt Watzlawick den Beziehungsaspekt treten, „derart, daß letzterer den ersteren bestimmt und daher eine Metakommunikation ist" (Watzlawick, Paul, et al.: *Menschliche Kommunikation – Formen, Störungen, Paradoxien*, Bern: Verlag Hans Huber, 1996, S. 56). Ja, die Kommunikation kann des Inhaltsaspektes sogar völlig entbehren: „Man kann nicht *nicht* kommunizieren" (ebenda, S. 53).

(2) Solchen Solipsisten möchte ich hier die folgenden Worte Piet Klockes widmen:

„Sie kennen doch bestimmt alle die schöne, uralte Geschichte von dem Mann, der glaubte, alles um ihn herum sei Einbildung?! Irgendwann war er es dann komplett leid und dachte sich nacheinander einfach alles weg: seine Frau, seinen Arbeitsplatz, die Wohnung, die Stadt, die ganze Welt und abschließend sich selbst! Als er dann nur noch als Geist im All herumschwebte, hörte er plötzlich eine Stimme: ‚Gott sei Dank bist du da, jetzt kann ich endlich Feierabend machen!' Da fragte unser Mann geistesgegenwärtig: ‚Moment, vorher verrate mir netterweise, wie ich den letzten Rest von mir auch noch auflösen kann!?' – ‚Ganz einfach, mach' es wie ich, schaff dir ein eigenes All und warte, bis jemand wie du vorbeikommt, der soll übernehmen, dann klappt's .... Wiederschaun!' sagte die Stimme und war komplett verschwunden. Unser Mann legte sofort los, dachte sich ein All, schuf also einen Himmel und natürlich auch die Erde. Ja, und vielerorts wird behauptet, er hätte das in sieben Tagen erledigt!?" (Piet Klocke i. A. Prof. Schmitt-Hindemith: *„Das geht alles von Ihrer Zeit ab!"*, München: Droemersche Verlagsanstalt Th. Knaur Nachf., 2000, S. 67 f.)

(30.08.2015)

Idyll (Trostlosigkeit)

Ein sehr schmaler Pfad ist es mitunter, der zwischen Idyll und völliger Trostlosigkeit verläuft: auf der einen Seite das steil und hoch aufragende Idyll, das einer in Romanen sich erlesen oder in Filmen sich erschaut hat, zu dem er in den Urlaub reist oder das er gar in seinen vier Wänden oder sonstwo selbst sich eingerichtet haben mag, dessen Gipfel er aber kaum wirklich zu erklimmen vermag; auf der anderen Seite der Abgrund der völligen Trostlosigkeit, in den er aufgrund der Enge des Pfades jederzeit hinabzustürzen droht. Vor allem der Versuch, die Höhen des Idylls zu ersteigen, ist mordsgefährlich: Rutscht man von seinem steilen Hang ab, landet man wohl kaum nochmal auf dem Pfad, sondern gleich in den Tiefen des Abgrundes. Doch selbst, wenn man den einsamen Gipfel erreicht hat, ist man dem Sog des Schlundes nicht entronnen: Hell scheint die Sonne dort oben, aber ein eiskalter, orkanartiger Wind geht, und schnell hat der einen zu Tale geschleudert.

(05.09.2015)

Europa und die Flüchtlinge

Was den politischen Mainstream und Volkes Oppositionsstimme (soweit medienrelevant) in Deutschland eint, ist: die Rede vom „Flüchtlingsproblem", von der „Flüchtlingsproblematik". Ist ja echt 'ne nette Begrüßung: Kaum sind die Refugees hier angelangt, bekommen sie – selbst noch von denjenigen, von denen sie lauthals eingeladen worden sind – auch schon zu hören und zu spüren, daß sie *zuvörderst eines* seien: eben ein *Problem*. Da würd ich als Flüchtling ja direkt gleich weiterreisen wollen.

Nicht die Flüchtlinge sind ein Problem. Ein Problem hat vielmehr die sie einladende Politik damit: Die hat *sich* mit dieser Einladung ein Problem *verschafft* – und das gehört technisch-organisatorisch und sozialpolitisch gelöst. So! Und der andere Pol der ganzen öffentlichen politischen Debatte hat mit den Flüchtlingen einfach ein Problem, weil seinem xenophoben Standpunkt das so eingeschrieben ist. So! Und ein anderer als diese beiden polaren Standpunkte kommt in der öffentlichen Diskussion eh nicht vor.

Eine *wirkliche* Lösung der sog. „Flüchtlingsproblematik" gibt's unter den gegebenen Verhältnissen sowieso nicht. Im Artikel *Flüchtlinge* vom 09.05.2015 hatte ich ja schon darauf hingewiesen, welches Schicksal die Einwanderer hier in Deutschland erwartet – auch und gerade die, die hierbleiben dürfen; obschon solches Schicksal immer noch besser ist als das, was sie in ihren Herkunftsländern erlitten oder zu erwarten hatten. Anders als die Bekämpfung des Nationalsozialismus seinerzeit und vielleicht auch des islamistischen Terrorismus heutigentags wird die wirkliche Lösung des „Flüchtlingsproblems" ganz sicher die Grenzen bürgerlicher Politik – und erst recht dessen, was heute als eine solche auftritt – sprengen. Ein vereintes Europa auf der Grundlage verschiedener nationaler Souveränitäten und entsprechender Sonderinteressen wird immer nur die Lasten, die das Projekt der Flüchtlingsaufnahme und - integration wie auch die ganz „normale" Zuwanderung mit sich bringen, hin- und herschieben. Und weder der freie Markt, dessen bestimmende Subjekte an den Zuströmen von Flüchtlingen und sonstigen Einwanderern zwar interessiert sind, aber nur unter den Aspekten: großes Angebot = große Auswahl an Arbeitskräften und mehr Masse, die für Lohndrückerei in die Waagschale geworfen werden kann; noch irgendwelche bürgerrechtsbeschneidenden Maßnahmen eines gezwungen lächelnd daherkommenden totalitären Herrschafts(dis)kurses vermögen da etwas zu bewegen, was die wirklich Betroffenen: die Flüchtlinge und Zuwanderer sowohl wie auch die „Eingeborenen" wenigstens halbwegs zufriedenstellen könnte. Europa müßte sich, ähnlich wie die USA, nicht als bloßes Staatenbündnis, sondern eben als wirkliche Vereinigung von Staaten betätigen (vielleicht – warum nicht? – unter sozialistischem Vorzeichen), um wenigstens die größte Not zu beheben. Es ist ja eh schon ein Witz, daß eine Handvoll europäischer Staaten (unter deutscher Führung) sich zur Gründung des Euros zusammengefunden hat, um – in Konkurrenz zu den USA – zu einer Weltmacht neben den Amis zu avancieren: Eine (einheitliche) Währung, die durch keinen (einheitlichen) Souverän und seine Gewalt garantiert ist, ist ein bloßes Spekulationsobjekt und ein einziger Zankapfel weiterhin miteinander konkurrierender Nationen. Das Projekt der Flüchtlingsaufnahme – auch wenn das jetzt mit einer Konkurrenz zu den USA (gottseidank) erst einmal nicht so existentiell zu tun hat – stellt ein ähnlich aberwitziges Unternehmen dar, sofern es im derzeitigen EU-Verbund umgesetzt werden soll. Die Lösung kann daher nur in einer Formation liegen, welche man als *Vereinigte (sozialistische) Staaten von Europa* bezeichnen könnte. Dieses Gebilde müßte zugleich in strikter Westanbindung verwirklicht werden, damit nicht abermals – wie auch heute schon wieder – irgendwelche gegenaufklärerischen Sonderwege beschritten würden.

Daß eine solche Staatenvereinigung – gerade auch wegen des wünschenswerten sozialistischen Elementes – für unmöglich gehalten wird (– vielleicht ist sie es ja auch –), ist nicht im geringsten ein Argument gegen ihre bittere Notwendigkeit. „Es geht nicht" schafft nicht das „Es wäre dringend geboten" aus der Welt. Und über Möglichkeit oder Unmöglichkeit eines Projekts entscheidet nicht zuletzt, wenn auch nicht allein, die Menge an Leuten, die sich in rationeller Weise dafür stark machen.

(25.09.2015)

„Fluchtursachen bekämpfen!"

I.

„Fluchtursachen bekämpfen!, Fluchtursachen bekämpfen!" schreit die Politik und schreien unisono alle Gutmenschen hierzulande und anderswo in Europa. Ja, will Frau Merkel tatsächlich für die Einführung menschenwürdiger Verhältnisse in Syrien und anderen kriegs- und elendsgebeutelten Gegenden der Welt sorgen? Da könnt sie doch gleich hier in Deutschland damit anfangen – und das nicht nur in Bezug auf die zum Teil auf engstem Raum kasernierten Flüchtlinge. Nein, so ist das wohl nicht gemeint. Was will Kohls gelehriges „Mädchen" dann?

„Fluchtursachen bekämpfen!": das ist nichts anderes als ein moralischer Titel für den politischen Willen verschiedener politischer Herrschaften, in den betreffenden Weltgegenden sich einzumischen und dort mitzureden. Die in jene Forderung einstimmenden Gutmenschen haben zwar von nix 'ne Ahnung, liegen aber auf ihre naive Weise voll auf der Linie deutscher Politik: Sich die Verhältnisse in den Kriegs- und Elendsregionen der Welt klarzumachen als Konsequenzen der außenpolitischen Aktivitäten der USA und der führenden europäischen Staaten – Deutschland vorneweg –: davon wollen sie nichts wissen. Aber daß ihre betreffende politische Herrschaft, der sie untertan sind, in jenen Regionen ganz kräftig mitzumischen habe, finden sie für ihr Anliegen so selbstverständlich wie nur was. (Es bewahrheitet sich hier, en passant festgestellt, leider ein weiteres Mal, daß die Linke – durchaus aus ganz eigenen Beweggründen heraus (was die Sache nicht besser macht – im Gegenteil) – lang schon zum nützlichen Idioten der Herrschaft geraten ist.)

Jetzt „findet" Deutschland in Syrien eine „Lage" „vor", worin es militärisch – jedenfalls bislang – weder direkt noch indirekt „involviert" ist (1), die es aber durchaus sich zunutze zu machen weiß. Eine Blankoeinladung an alle, die sich aus dieser Region auf und davon machen, wird ausgesprochen – und damit dreierlei klargestellt:

Erstens: Von uns sind keine Waffen im Spiel. Unser Kapital sind die Flüchtlinge. Die nehmen wir auf – ohne Obergrenze.

Zweitens: „Wir schaffen das!" Wir scheuen keine Mühen und Kosten, das durchzuziehen. Diese Mühen und Kosten werden wir (u. a.)

schon auf unsere Untertanen abzuwälzen wissen.

Drittens (gerichtet an die anderen europäischen Staaten): Aber glaubt ja nicht, daß ihr von den betreffenden Lasten verschont bleibt. Ihr habt euren Anteil dazu beizutragen – andernfalls steht ihr in der Weltöffentlichkeit moralisch ganz schön blöd da im Unterschied zu uns.

So aufzutreten, muß sich die deutsche Politik ihrer Sache und ihrer Macht schon ganz schön sicher sein. „Wir schaffen das!": das heißt: Deutschland ist „Weltflüchtlingsmacht" und macht eine Ansage an die anderen betroffenen europäischen Staaten: *Wir* sind die Alternative zur direkten wie auch indirekten militärischen Intervention – *wir* sind die alternative Ordnungsmacht in Syrien und anderswo – und *wir* bestimmen, wie Europa sich dazu zu stellen hat! Ordnet euch entsprechend unserer Ansage in unser Programm ein – oder Europa ist verloren!

So geht deutscher Imperialismus in der sog. „Flüchtlingsfrage". Das ist der Sinn des Aufrufs, die Fluchtursachen zu bekämpfen.

II.

Der politische Streit, der jetzt mehr und mehr auch in Frau Merkels Reihen selbst hervorgebrochen ist, ist keiner um jenen imperialistischen Zweck: in dem sind sich alle – zumindest alle Maßgeblichen und Etablierten – einig. Der Streit geht einzig und allein um die Mittel und Wege der Umsetzung dieses Zwecks – und in dieser Hinsicht haben auch ehemalige Mitstreiter von Angie mittlerweile die Hosen voll bekommen: Mehr und mehr wird ihr – auch von anderen europäischen Staaten – attestiert, sich in der ganzen Angelegenheit übernommen zu haben.

Von der (noch) herrschenden politischen Linie wird die Wirtschaft fürs Flüchtlingsprojekt in die Pflicht genommen – und inzwischen heftig gerügt: Sie komme ihrer sozialen Pflicht nicht recht nach, da sie sich, statt Gelder in die Beschaffung von Arbeits- und Ausbildungsplätzen für Flüchtlinge fließen zu lassen, abwartend verhalte. Ja, was erwartet man denn? Daß die Refugees für die Wirtschaft nützlich sein könnten, heißt ja noch lange nicht, daß die nach ihnen verlangt hätte. Die deutsche Ökonomie ist mit Arbeitskräften derzeit gar nicht schlecht bedient. Worauf das Kapital spechtet, ist in erster Linie, daß ein wachsendes Angebot an Arbeitskräften das Lohnniveau zu drücken vermag. Daß dieser Effekt eintritt, setzt allerdings wiederum voraus, daß man den neu zuströmenden Arbeitskräften in spe einige entsprechende grundlegende Qualifikationen angedeihen läßt – von einer basalen Beherrschung der deutschen Sprache über verschiedene hierzulande übliche Arbeitstugenden wie Pünktlichkeit, Zuverlässigkeit etc. bis hin zu gewissen kulturellen „Selbstverständlichkeiten"; entsprechende Bildungsmaßnahmen aber kosten Geld. Da ist die Wirtschaft dann doch erstmal recht skeptisch, ob sich diese Kosten überhaupt rentieren, wenn sie von den Flüchtlingen im wesentlichen doch gar nichts anderes verlangt, als das Lohnniveau zu senken. Freilich setzt aber die Lohndrückerfunktion *auf jeden Fall* voraus, daß die betreffenden potentiellen Kandidaten zu den deutschen bzw. etablierten Arbeitskräften konkurrenzfähig sind – und das wiederum erfordert betreffende Qualifikationsmaßnahmen, die natürlich eben Geld kosten. Usw. usw. In diesen innerherrschaftlichen Streit in der Politik wie auch zwischen Politik und Wirtschaft sollte man sich nicht einmischen.

III.

Was in der sog. „Flüchtlingsfrage" geboten wäre, ist, statt immer gleich sich reflexhaft moralisch oder patriotisch dazu zu stellen: sich Klarheit darüber zu verschaffen, *worum* es hier der deutschen Politik (sowohl im Konkurrenzverhältnis zur übrigen EU wie auch zu den USA) *geht*. Theoretische Distanz wäre erfordert statt moralischer Charakterpflege oder Vaterlandsliebe.

Dixi et salvavi animam meam.

----

(1) Mit dem jüngst gefaßten Beschluß, deutsche Truppen nach Syrien zu schicken, ändert sich das natürlich – aber diese militärische Einmischung kann ja auch als Reaktion auf die terroristische Blutnacht in Paris genommen werden.

(20.12.2015)

Identität

Was der Mensch am allerwenigsten benötigt, ist: Identität; es sei denn, sie bestünde in seiner je ganz persönlichen Weise, sich zu entfalten und zu entwickeln – also in seiner Persönlichkeit. Davon abgesehn ist Identität immer etwas, was dem Einzelnen von außen oktroyiert wird – sei es durch den stummen Zwang der ökonomischen Verhältnisse: Proletarier, Arbeitsloser, Akademiker, Kapitalist etc. – sei es durch politische Gewalt: Staatsbürger, Steuerzahler, Deutscher, HartzIV-Empfänger, Ausländer etc. – sei es ideologisch: Weißer, Schwarzer, Jude, Angehöriger des muslimischen Kulturraumes etc. (In bezug auf die ideologische Identitätsstiftung ist interessant, wie sehr da linke Kulturrelativisten und rechte Kulturalisten einander gleichen.)

(20.03.2016)

Kultur (II): Lüge und Wahrheit

Wenngleich Kritiker der bürgerlichen Gesellschaft deren Kultur durchaus zu Recht als Lüge über die Realität dieser Gesellschaft, als beschönigenden ideologischen Reflex der harten Wahrheit des Kapitals denunzieren, so muß doch zugleich konstatiert werden, daß die Realität des Kapitals selbst eine Lüge darstellt, nämlich eine reale Verkehrung der Subjekte in bloße Träger von Eigenschaften und Fähigkeiten (– wie das besonders schlagend an den direkt schon so bezeichneten ‚Arbeitskräften' zum Ausdruck kommt); eine reale Verkehrung gesellschaftlicher Verhältnisse zwischen Menschen in ein solches zwischen Dingen und ein dingliches zwischen Personen. Damit enthält die bürgerliche Kultur (bzw. was gegenwärtig noch davon übrig ist) als Beschönigung einer Wirklichkeit, die selber Lüge ist, selbst noch, in welch verdrehter Weise auch immer, ein Moment von Wahrheit: den Vorschein von etwas Besserem, das dem nicht eingelösten Glücksversprechen innewohnt, mit welchem Aufklärung und bürgerliche Gesellschaft einstmals angetreten.

(24.04.2016)

Stefans Bilder

Schau ich mir die Bilder des Dettinger Künstlers Stefan Bischoff an, die er seit geraumer Zeit mittelst einer besonderen Verfahrenstechnik hervorbringt, (1) bin ich auf eine kaum zu beschreibende Weise fasziniert, ja in einer Art im Innern angerührt, die ans Unheimliche fast grenzt. Es eignet ihnen eine Dynamik, die ihnen ein regelrechtes Eigenleben verleiht. Da ist, in zum Teil ganz verschiedenen Proportionen, ein Wabern und Glosen in den Bildern, ein Brodeln und Strudeln und Wallen, als wohnte ich, während ich sie betrachte, einer parallelen Neuschöpfung der Welt aus einem siedendwogenden Plasma bei.

Diese Bilder sind schön; schön aber nicht einfach im Sinne der Gebrauchskunst, die man zur Aufhübschung der eigenen vier Wände an dieselben sich hängt, sondern schön im kunstästhetischen Sinne: Sie laden mich dazu ein, ja drängen mich dazu, mich in sie zu vertiefen, mich in ihren Bann ziehen zu lassen, ihnen gleichsam meine Seele zu überantworten, auf daß ich etwas von den Bildern in mir selbst und etwas von mir selbst wiederum in den Bildern entdeckte.

Als wären die Objekte womöglich nichts als eine zarte Illusion: so muten die Bilder mich an, in denen das Dargestellte nicht die geringsten Anstalten zu machen scheint, aus seinem unscharfen, in stetem Flusse sich befindenden Zustand ins Feste sich zu wandeln. Und das Unheimliche besteht für mich wohlzwar in einigen der Bilder auch im Motiv, im Spiel der Formen und Farben und in der daraus resultierenden Stimmung, viel prinzipieller jedoch darin, daß nichts darin sich kristallisieren will, daß alles droht, im nächsten Moment in die brodelnde Ursuppe zurückzusinken. Ich werde mit meiner eigenen, mich ab und an befallenden Angst konfrontiert, daß all meine Wahrnehmung, ja mein ganzes Dasein eine bloße Illusion nur sei.

Illusion ist auch der Stoff der Kunst, und ist der rechte Künstler nicht immer auch ein Illusionist, ein Zauberer mithin in des Wortes bestem Sinne? Und Stefan versteht es meisterhaft, den Betrachter seiner Bilder zu verzaubern ... zu verzaubern und auch, wie etwa in *San Giorgio dei Greci 2* oder in *Canal Grande*, – ob es nun in seiner Absicht gestanden habe oder nicht – an die Vergänglichkeit alles Schönen zu erinnern. Für mich arbeiten Stefans Bilder produktiv an dem Widerspruch sich ab, in sich festzuhalten, was nicht festzuhalten ist: Sie legen den

Gedanken nahe, daß es nichts (endgültig) festzuhalten gebe, es sei denn um den Preis seiner partiellen oder gänzlichen Zerstörung – womit der Widerspruch nicht gelöst, wohl aber, wie bei einem echten Rätsel, *auf*gelöst wäre – wenn natürlich auch nur virtuell, durch *Bilder* eben, die just diesen Widerspruch auflösen und doch auch weiterhin *verkörpern*.

Mit der Eigendynamik dieser Bilder in ihrem Ausdruck korrespondiert zugleich eine Eigendynamik in ihrem besonderen, übrigens rein handwerklichen Herstellungsverfahren, worin die Entwicklung des jeweiligen Werkes, eben durch dieses besondere Verfahren bedingt, phasenweise der Wahrnehmung und dem kontrollierten, exakt abpassenden Zugriff des Künstlers notwendig sich entzieht und ihn im Resultat selbst noch überrascht: Was Stefan schließlich vor den Augen sich präsentiert, ahnt er nach eigener Aussage manchmal selbst nicht recht. Ähnlich wie die Figuren eines Romanes, seien sie anfangs auch noch so sehr vom Autor festgelegt, im Zuge der Handlung teilweise sich von ihrem Schöpfer emanzipieren, so revoltieren die Objekte in Stefans Bildern gegen den Künstler – und sind gerade darin seine (ungewollt-gewollten) Geschöpfe.

Und nun betrachte ich ein weiteres Mal den *Canal Grande*, sitze davor und denke: „Werd ich zum Augenblicke sagen: / Verweile doch! Du bist so schön! / Dann magst du mich in Fesseln schlagen, / Dann will ich gern zugrunde gehn!" (Faust zu Mephistopheles)

----

(1) Diese Bilder sind u. a. auf seiner *Stoffworks*-Website: http://www.stoffworks.com/de/de-home.html zu sehn.

(24.04.2016)

Pilotom, Koan und Kapital

In dem Büchlein *Der dritte Bildungsweg ·
Halbwissen leicht gemacht* von Jürgen Becker,
Martin Stankowski und Dietmar Jacobs las ich
einst ein nettes Rätsel, welches die Leichtgläu-
bigkeit der Menschen illustrieren soll:

> „... [W]ir [können] Lügen schwer erkennen ... Das
> merkt man zum Beispiel bei Quizfragen. Nehmen wir
> mal an, es wird gefragt: Was ist ein 'Pilotom'? Und die
> Antworten sind:
>
> A: eine gutartige Veränderung der Netzhaut.
> B: ein Gerät zur professionellen Entfernung von feins-
> ten Körperhaaren.
> C: ein Gerät zur Messung von Erdbewegungen beim
> Tunnelbau.
> D: ein Fachbegriff für ein physikalisches Gesetz, das
> belegt, aber noch nicht bewiesen ist.
>
> Welche Antwort ist wahr, welche sind gelogen?
> Da gerät man ins Grübeln. Dabei ist einfach alles ge-
> logen. Es gibt nicht mal das Wort 'Pilotom'. Das ist
> erfunden. Aber es erscheint uns plausibel." (1)

Das Rätsel kann also gar nicht gelöst werden, weil – und darin besteht zugleich seine
*Auf*lösung – der erfragte Gegenstand: das *Pilotom*, weder real noch auch nur gedanklich existent ist: Das Wort „Pilotom" ist ein Unsinns-
wort und völlig gegenstandslos, das Rätsel daher ebenso unlösbar wie sinnfrei.

Dieses Rätsel diene mir hier als Einstieg in die Bestimmung dessen, was ein echtes Rätsel sei. Das Pilotom ist in gewisser Hinsicht ein solch echtes Rätsel, da es, wie es einem echten Rätsel gebührt, keine Lösung hat. (2) Rätsel hingegen, bei denen es eine Lösung gibt, sind keine wirklichen Rätsel: Ihre Eigenschaft, Rätsel zu sein, besitzen sie ja nur im Verhältnis zu demjenigen, der die Antwort (noch) nicht weiß, nicht aber an sich selbst. Wer die Lösung gefunden hat, dem ist das Rätsel keines mehr.

Im Unterschied dazu kommt dem echten Rätsel die Rätseleigenschaft nicht bloß subjektiv, sondern objektiv zu; es ist somit ein bleibendes – oder es wird *auf*gelöst und ist damit dann auch schon nicht mehr existent.

Das Pilotom entbehrt allerdings einer wichtigen Eigenschaft, die jedem echten Rätsel eigen ist: des Sinnes. Insofern ist das Pilotom doch kein echtes Rätsel, sondern einfach blanker Unsinn (in Rätselgestalt). Treffende Beispiele für echte Rätsel hingegen bilden etwa die *Koans*, jene häufig in Form einer Anekdote gehaltenen Sentenzen aus dem Chan- und dem Zen-Buddhismus, die – oftmals selbst als Antworten auf Fragen gegeben – nicht wirklich lösbar, durchaus aber sinnhaltig sind. Hier exemplarisch ein paar hübsche Koans (3):

Ein junger Mann besuchte Tao-hsin und fragte ihn: „Ich suche den Weg. Kannst du mir helfen?" Tao-hsin antwortete: „Nein, ich kann dir nicht helfen, aber komm doch morgen wieder vorbei." Einen Tag später kam der Mann wieder und fragte: „Ich suche den Weg. Kannst du mir helfen?" Tao-hsin antwortete: „Nein, ich kann dir nicht helfen, aber komm doch morgen wieder vorbei." Am nächsten Tag trat der junge Mann wieder vor Tao-hsin und wollte seine Frage erneut stellen. Tao-hsin unterbrach ihn aber gleich und sagte „Du kennst die Antwort, warum stellst du die Frage?"

Ein Mann kam zu Tao-hsin und fragte ihn: „Was ist wichtiger: die Vergangenheit, die Gegenwart oder die Zukunft?" Tao-hsin trat zu dem Mann hin, schlug ihn, setzte sich wieder und fragte: „Was war schlimmer: mich kommen zu sehen oder der Schmerz oder die Erinnerung daran?" Der Mann war sprachlos und ging. Später sagte Tao-hsin: „Aua!"

Ein junger Mann trat vor Tao-hsin: „Bitte gebt mir einen Fingerzeig." Tao-hsin hob die vor ihm stehende Tasse auf und fragte den Mann: „Wer hat diese Tasse bewegt?" Später sagte Tao-hsin: „Im Zirkus finde ich immer Arbeit."

Ein weiser Mann kam zu Tao-hsin und fragte ihn: „Darf ich in meiner Welt leben?" Tao-hsin antwortete: „Geh weg und komm zurück."

Ein Schüler trat vor Tao-hsin: „Bitte erklär mir das Wesen der Liebe." Tao-hsin antwortete: „Keine Lust."

Ein Schüler eines angesehenen Lehrers besuchte Tao-hsin und fragte ihn: „Mein Lehrer lehrt uns die Meditation und Konzentration. Gibt es darüber hinaus noch etwas anderes?" Tao-hsin erwiderte: „Offensichtlich."

Als Tao-hsin spazieren ging, fragte er einen seiner Begleiter, Hung-jen: „Ruhe oder Bewegung?" Hung-jen antworte nicht gleich, woraufhin Tao-hsin sagte: „Keine Ruhe, keine Bewegung." - Später fragte ein anderer Schüler Hung-jen, was der Lehrer damit sagen wollte. Hung-jen sagte: „Ich denke, er wollte uns sagen, dass der Geist immer aktiv ist und doch in sich ruht." – Als Tao-hsin von diesem Gespräch erfuhr, ließ er Hung-jen zu sich rufen und sagte: „Du bist ein guter Schüler, aber ein schlechter Lehrer." Daraufhin fragte Hung-jen: „Was hättest du an meiner Stelle geantwortet?" Tao-hsin erwiderte: „Keine Ruhe, keine Bewegung."

Es gibt auch ganz kurze, knappe Koans, wie etwa das berühmte: „Welches Geräusch macht *eine* klatschende Hand?" oder das Alfisch-Badersche „Keiner wird gehn, und niemand wird bleiben." (Danke, Miguel!)

Der Sinn solcher Koans besteht nicht in ihrer beantwortenden Lösung, sondern darin, ihren Sinn zu ergründen, genauer: ihren Sinn zu *suchen*, nicht einmal, ihn zu finden. Der Sinn ist vorhanden, aber nicht auffindbar. Er besteht mithin in der Einsicht in die Sinnlosigkeit (alles Bestehenden) – eine Einsicht, derer man aber nur teilhaftig wird, wenn und indem man sich bemüht, den Sinn zu finden. Das kann recht mühsam sein; der Lohn der Mühe aber besteht dann in der *Erleuchtung* (in jener Einsicht eben, die zugleich Einsicht in die Ununterschiedenheit alles Bestehenden, also auch von Subjekt und Objekt ist), d. h. in der – freilich rein subjektiven – Befreiung, *Er*lösung vom Koan-Rätsel. Da die Erleuchtung keine Lösung des betreffenden Koans ist, *bleibt* sein Rätsel ganz *objektiv* ein *Rätsel*, und die *Auf*lösung in der Erkenntnis der Sinnfreiheit alles Seins eine rein *subjektive*: Der Koan ist ein sinnlos-sinnvolles Rätsel.

Eine weitere Kategorie echter Rätsel bilden diejenigen, die das Leben selber schreibt, d. h., die die Menschen hinter ihrem eigenen Rücken *selbst* ganz *praktisch* herstellen. Das *Kapital*, verstanden als gesellschaftliches Verhältnis – und etwas anderes ist es nicht –, bildet mit der gesamten dazugehörigen Ökonomie und den betreffenden sozialen Zusammenhängen ein solch *reales* Rätsel:

Nicht nur, daß der logische Ausgangspunkt des Kapitals im formal-logischen, gleichwohl nicht bloß im Denken, sondern in der Wirklichkeit existenten *Widerspruch* zwischen Gebrauchswert und Wert der Ware (4) besteht – was schon reichlich irre ist, da damit von Menschenhand etwas logisch völlig Widersinniges ganz praktisch in der Realität geltend gemacht wird;

– nicht nur, daß der Verkäufer der eigenen Arbeitskraft – der Lohnarbeiter – als einen solchen sich nur realisieren kann, indem er im Arbeits- bzw. Verwertungsprozeß des Kapitals *selbst* zu seiner eigenen Ware, zur Arbeitskraft wird und da auch als nichts anderes mehr zählt, sich also verdoppeln muß in sich als freien Eigentümer seiner Arbeitskraft und in diese selbst – mit all den unschönen Konsequenzen, die kapitalistische Ausbeutung so mit sich bringt, wenn und weil sie Menschen ganz praktisch auf ihr Arbeitsvermögen reduziert und entsprechend benutzt;

– nicht nur, daß jeder (an und für sich) zivilisatorische Fortschritt des Kapitals wie etwa die Einsparung von Arbeitszeit für die davon betroffen Gemachten: die Arbeiter (und nicht-leitenden Angestellten), auf dem Fuße folgend weitere Einbußen an (Real-)Lohn und den Verlust von Arbeitsplätzen mit sich bringt;

– nein, dieser ganze Irrsinn, der gedanklich nicht wirklich zu begreifen ist (obschon *Marx* und *Engels* sich redlich darum bemüht hatten), diese ganze Irrationalität kapitalistischer Rationalität existiert notwendigerweise auch noch in Gestalt von *Naturgesetzen*, denen die Beteiligten – Kapitalisten übrigens ebenso wie Proleten, nur in ganz verschiedener Weise – *unterworfen* sind.

Das ist doch echt der Oberwitz: Da produzieren und reproduzieren Menschen zwischeneinander gesellschaftliche Verhältnisse – gesellschaftliche Verhältnisse sind *immer menschengemacht* –, und zu denen verhalten sie sich, als wären die ihnen von der Natur vorgesetzt. Ihnen „erscheinen daher die gesellschaftlichen Beziehungen ihrer Privatarbeiten als das, was sie sind, d. h. nicht als unmittelbar gesellschaftliche Verhältnisse der Personen in ihren Arbeiten selbst, sondern vielmehr als sachliche Verhältnisse der Personen und gesellschaftliche Verhältnisse der Sachen" (Karl Marx: *Das Kapital*, Bd. I = MEW 23 (5), S. 87).

Die im Kapitalismus lebenden Menschen *müssen* in ihrem *praktischen* Denken diese verqueren Verhältnisse so verquer denken, um mit den betreffenden „Gegebenheiten" zurechtzukommen: Der Kapitalist muß sein Kapital ebenso als *dingliches Mittel* (Geld, Produktions-

mittel etc.) betrachten, aus dem ihm als quasi-
natürliche Frucht der Profit erwächst, wie der
Lohnarbeiter bei Strafe seines Untergangs seine
Arbeit im Dienste des Kapitals als seinen Einsatz und seinen Lohn als daraus entspringen-
des *Lebensmittel* ansehen muß, auch wenn der
gar nicht dafür da ist und auch nicht recht dafür taugt. Die Menschen in der vom Kapital ge-
prägten Gesellschaft (– das betrifft nicht allein
Kapitalisten und Lohnarbeiter, sondern zieht
alle anderen mit hinein in diesen Irrsinnssog –)
gestalten ihre gesellschaftlichen Verhältnisse
nicht bewußt, sondern umgekehrt: *sie unterwerfen ihr (zweckrationales) Denken den Resultaten ihres Handelns* (6).

Der Mitbegründer der systemischen Kommunikationspsychologie *Paul Watzlawick* hat
zwar vom Kapital keine Ahnung, immerhin
aber ein richtiges Gespür für die auf der kapitalistischen Ökonomie beruhenden kommuni-
kativen Beziehungen der Menschen. In Anleh-
nung an seine Einsichten in diese Beziehungen

„lässt sich das Lösen von Rätseln auch so verstehen, dass ein Rätsel als solches niemals gelöst werden
kann, sondern dass es darum geht, das Rätsel als
Problem gewissermaßen aus der Welt zu schaffen,
damit es kein Problem mehr ist. Der ‚Grund der Un-
lösbarkeit' ist dann die Ursache dafür, warum dieses
Aus-der-Welt-Schaffen aktuell nicht funktioniert,

welche gesellschaftlichen Blockierungen also dafür verantwortlich sind, dass die Beseitigung des Problems nicht möglich ist." (Thorsten Bonacker: *Erschließende Kritik* (7))

Oder, um es mit *Adorno* zu sagen:

„Wer deutet, indem er hinter der phänomenalen Welt eine Welt an sich sucht, die ihr zugrunde liegt und sie trägt, der verhält sich wie einer, der im Rätsel das Abbild eines dahinter liegenden Seins suchen wollte, welches das Rätsel spiegelt, wovon es sich tragen läßt: während die Funktion der Rätsellösung es ist, die Rätselgestalt blitzhaft zu erhellen und aufzuheben, nicht hinter dem Rätsel zu beharren und ihm zu gleichen. [...] Ich sagte: die Rätselantwort sei nicht der ,Sinn' des Rätsels in der Weise, daß beide zugleich bestehen könnten; daß die Antwort im Rätsel enthalten sei; daß das Rätsel lediglich seine Erscheinung bilde und als Intention die Antwort in sich beschließe. Vielmehr steht die Antwort in strenger Antithesis zum Rätsel; bedarf der Konstruktion aus den Rätselelementen und zerstört das Rätsel, das nicht sinnvoll, sondern sinnlos ist, sobald die Antwort ihm schlagend erteilt ward." (8)

Das Kapital bzw. der Kapitalismus stellt also ein wissenschaftlich nicht lösbares, mithin: ein echtes Rätsel dar – und zwar ein ganz *praktisches* (9). Und worin nun besteht der *Sinn* dieses Rätsels? Darin natürlich, es ebenso *praktisch aufzulösen*, also in der realen Aufhebung des Kapitals resp. des Kapitalismus. Wie dieses Einfache, das schwer nur zu machen geht, praktisch umzusetzen sei, ist freilich eine ganz andere Frage (– durchaus auch ein ‚Rätsel', aber, so ist zu hoffen, kein wirkliches, sondern ein bloß bedingtes, prinzipiell lösbares).

----

(1) Jürgen Becker, Martin Stankowski und Dietmar Jacobs: *Der dritte Bildungsweg · Halbwissen leicht gemacht*, Köln: KiWi, 2011, S. 114

(2) ‚Unlösbares Rätsel' ist insofern doppelt gemoppelt.

(3) Die folgenden sieben Koans habe ich einer im Internet hinterlegten Sammlung entnommen, die hier zu finden ist: https://www.raizen.org/schriften.html.

(4) Wert zu sein – also Materiatur derselben Substanz – ist nicht etwas Allgemeines aller Gebrauchswerte (die selbst immer durch je spezifische konkrete Bedürfnisse bestimmt sind), also etwa eine verständige Abstraktion *an* den besonderen Gebrauchswerten, sondern eine Abstraktion *von* jeglichem Gebrauchswert.

(5) MEW 23: Marx Engels Werke, Bd. 23, Berlin: Dietz Verlag, 1962

(6) Das ist das, was Marx meinte, als er davon sprach, daß nicht das Bewußtsein der Menschen ihr Sein bestimme, sondern daß es vielmehr ihr gesellschaftliches Sein sei, welches ihr Bewußtsein bestimmt. Diese Sentenz ist also als *Kritik* am Kapitalismus (wie auch überhaupt an allen antagonistischen Gesellschaftsformationen) zu verstehen, nicht als ontologische Weisheit.

(7) in: Georg Kohler u. Stefan Müller-Doohm (Hg.): *Wozu Adorno?* · *Beiträge zur Kritik und zum Fortbestand einer Schlüsseltheorie des 20. Jahrhunderts*, Weilerswist: Velbrück Wissenschaft, 2008, S. 70, Fußnote 18

(8) Band 1: Philosophische Frühschriften: *Die Aktualität der Philosophie*. Digitale Bibliothek Band 97: Theodor W. Adorno: Gesammelte Schriften, S. 572 u. 577 (vgl. GS 1, S. 335 u. 338)

(9) Marx und Engels glaubten, mit ihren durchaus richtigen Einsichten in die kapitalistische Ökonomie dem Kapitalismus theoretisch bzw. wissenschaftlich beikommen zu können (– Engels prägte sogar den blödsinnigen Begriff vom ‚wissenschaftlichen Sozialismus' –), und sind mit dieser Auffassung hinter das Niveau ihrer korrekten Einsichten zurückgefallen. Was aber insofern nicht so schlimm war, als sie ja immerhin wußten, daß die Auflösung des Kapital-Rätsels darin besteht, daß „die ganze ökonomische Scheiße letztlich in den Klassenkampf mündet" (Marx – in irgendeinem Brief an Engels, glaub ich), dessen Ziel schließlich in der Überwindung des Kapitalverhältnisses liegt.

(12.06.2016)

Ideologie

Sagen, was man weiß.

Nicht wissen, was man sagt.

(Diesem Dreizeiler – *Drei*zeiler deshalb, weil die Überschrift für das Verständnis dieses Textchens unentbehrlich ist – hat ein Gedanke Pate gestanden, den ich einmal bei Joachim Bruhn irgendwo gelesen hatte und der durch seine knappe, aber prägnante Formulierung, die ich hier nur noch etwas weiter verdichtet habe, mir mit einem Male etwas aufgehen ließ.)

(28.03.2017)

Mainstream

Wenn hierzulande etwas Mainstream ist, mag Mißtrauen angezeigt sein. Aber Mißtrauen ist noch keine Kritik. Hauptsache, nicht Mainstream: dies die Maxime derer, die sich windschnittig dem Mainstream ihres eigenen Denkens fügen, ohne daran irre zu werden.

(28.03.2017)

Kritisch

Kritisch sein heute: Der Herrschaft distanziert nach dem Munde reden und von Kritik nichts wissen wollen.

(28.03.2017)

Auf den Hund gekommen

Viele Menschen haben zu ihrem Verstand ein Verhältnis wie zu einem Hund: „Mein Verstand und ich: wir verstehn uns prima."

(28.03.2017)

Gott

Nicht zu finden, wenn man ihn sucht.

Von ihm gefunden werden, wenn man ihn nicht sucht.

(02.04.2017)

Erfahrung

Bestätigung dafür, daß man's ja immer schon gewußt hat.

Andernfalls: Bestätigung dafür, daß Ausnahmen die Regel: das eigene unverrückbare Urteil, bestätigen.

(02.04.2017)

Meinung (I)

Auf ihre Freiheit pochen.

Nichts gesagt haben wollen.

(05.04.2017)

Meinung (II)

Ein Urteil in Gestalt seiner Rücknahme äußern.

Jeden Scheiß in die Form eines Urteils kleiden wollen.

(05.04.2017)

Foto-Tourismus

Viel fotografieren.

Knips! Knips! Knips!

Nicht wissen, was man fotografiert.

Später, beim Betrachten der Bilder, sich daran erinnern, daß man's fotografiert hat.

Fotos als Statthalter nicht gemachter Erfahrung.

Keinerlei Objektbeziehung.

(05.04.2017)

Direkte Demokratie

Die gewaltträchtigen Verhältnisse des Kapitals.

Ohne staatliches Gewaltmonopol.

Ohne Demokratie.

(05.04.2017)

Bürgerliche Gesellschaft

Hat's mal gegeben: ich erinnere mich.

Sie wiederhaben zu wollen: grenzt an Kommunismus.

Das weiß ich.

(05.04.2017)

Eigenheim (mühsam erarbeitetes)

Ein Leben lang sich krummlegen für.

Wenn man dann darin wohnt: es am liebsten in die Luft sprengen wollen.

(05.04.2017)

Mit sich im Reinen sein

Kann man in bezug auf die eine oder andere einzelne Angelegenheit. Nie aber in toto: Im verkehrten Ganzen ein richtiges Leben zu führen, ist ein Ding der Unmöglichkeit, da man in diesem Falschen ganz praktisch leben und so dessen Widersprüchlichkeit in sich aufnehmen muß. Gegen die zu leben sich zu bemühen, ist dennoch eine lobenswerte und befreiende Anstrengung, die etwa aus einem bloßen Mann einen Gentleman zu machen vermag.

(07.05.2017)

Kommunismus

Theoretisch: von der bürgerlichen Gesellschaft einst – unbewußt – versprochen.

Praktisch: immer schon von ihr bekämpft.

In toto: ihr ungeliebter Bruder.

(07.05.2017)

Weltanschauung

Die ganze Welt in der Tasche.

Quadratisch. Praktisch. Gut?

(07.05.2017)

Gute Ratschläge

Intention: gut gemeint.

Wirkung: mörderisch.

Das perfekte Verbrechen.

(07.05.2017)

Äußerlichkeiten (I)

Was einer denkt, welche Neigungen er hegt und welche Interessen er verfolgt: das ist natürlich Bestandteil seiner Persönlichkeit, seiner Individualität. Nichts aber sagt mehr über einen Menschen aus als sein Äußeres: seine Physiognomie, seine Mimik, seine Gestik, die Art, wie er sich kleidet und wie er die Haare trägt; wie er auftritt, wie er sich bewegt, wie er handelt, wie er spricht. Erst im Äußeren zeigt er seine wahre Individualität – der gegenüber sein Inneres mitunter geradezu austauschbar erscheinen mag.

(13.05.2017)

Reife

Erlangt man nicht, wenn man es sich vornimmt.

Nicht wollen.

Bereit sein.

(13.05.2017)

Porno

Was übrigbleibt,

wenn man

vom Sex

den Sex

sich wegdenkt.

(13.05.2017)

„Wir haben die Erde nur von unseren Kindern gepachtet."

Vertrag ohne Vertragspartner.

Nichtig.

(10.06.2017)

Selbstfindung

Weitergehn! Bitte weitergehn!

Hier gibt es wirklich nix zu sehn.

(10.06.2017)

Äußerlichkeiten (II)

„Das ist eigentlich ein ganz Lieber": Vor Menschen, deren nähere Bekanntschaft mir man solcherart empfiehlt, graut mir. Das ist, wie wenn ein unangeleinter Pitbull auf mich zuraste und das Herrchen oder Frauchen von ferne riefe: „Der will nur spielen!"

(10.06.2017)

Sich täglich neu erfinden

Patentrezept für Leute ohne Persönlichkeit

(10.06.2017)

Begeisterung

Als Anspruch an einen Stellenbewerber gestellt, wird damit die Erfüllung noch der ödesten beruflichen Tätigkeit eingefordert als:

Berufung.

(10.06.2017)

Erlebnis

Wo es kein Erleben mehr gibt,

wird alles zum Erlebnis.

(10.06.2017)

Lifestyle

... heißt der Lebensstil bei Leuten, die keinen haben, aber über Mittel verfügen, so zu tun, als hätten sie einen. Wie dieses Bedürfnis geschmacklich nicht näher bestimmt ist, ist der Markt, der es befriedigt, auch entsprechend reich an Geschmacklosigkeiten.

(10.06.2017)

Team

Unzucht mit Abhängigen

(23.06.2017)

Erfahrung (II)

So viele Erfahrungen.

Kaum eine einzige.

(23.06.2017)

Konservativ

Muß man heute sein, wenn man daran festhalten will, was vor langer, langer Zeit durchaus auch einmal linker Anspruch war: das Glücksversprechen von Aufklärung und bürgerlicher Gesellschaft gegen deren schlechte Wirklichkeit zu behaupten und wahrzumachen.

(16.08.2017)

Sich selber akzeptieren

... wie man ist: Taugt nur, wenn man sich verändern will – also als zu überwindender Ausgangspunkt einer über sich selbst hinausgehenden Bewegung. Andernfalls – wie es nämlich in den meisten Therapieansätzen und von der überwiegenden Zahl psychologischer Ratgeber vertreten wird – ist es bloße, kritiklose Affirmation des eigenen Miefs – dem man doch zu entkommen hoffte.

(16.08.2017)

Kunst

Ein wirkliches Kunstwerk will nicht vom Betrachter verstanden werden.

Glücklich kann der sich schätzen, wenn das Kunstwerk *ihn* versteht.

(03.09.2017)

Äußerlichkeiten (III)

Je tiefer man in die Psyche der Menschen vordringt, um so gleicher werden sie. Es ist, als wenn die Individuen gar nicht um ihres inneren dunklen Wesens, sondern um ihres je einzigartigen Äußeren willen existierten. Das Wesen der Individuen liegt nicht so sehr in ihrem verborgenen Inneren als vielmehr in ihrer Erscheinung. In ihr *drückt* sich nicht ihr Wesen bloß *aus*: *In* ihr *ist* ihr Wesen. (Ihr Inneres ist lediglich Grundlage dafür – und insofern freilich überhaupt nicht unwesentlich.)

(03.09.2017)

Autonome

Linke wie rechte:

Agenten des völkischen Furors.

(03.09.2017)

Erfahrung (III)

„Die meisten Menschen wollen keine Erfahrungen machen. Auch hindern sie daran es zu tun ihre Überzeugungen." (Walter Benjamin)

(in: Benjamin, Walter: *Gesammelte Schriften*, Band VI, Frankfurt am Main: Suhrkamp Verlag, 1991, S. 89)

(03.09.2017)

Äußerlichkeiten (IV)

Man mag technisch noch so an seinem Äußeren, an seinem Auftreten herumdoktern: Wenn man sein Inneres nicht von seinem Äußeren überzeugt hat, rülpst das Innere (die Grundlegung des Äußeren) unanständig dazwischen und macht das Äußere eines Menschen – sein Wesen – unglaubwürdig ... nein, nicht unglaubwürdig, sondern in sich zerrissen. Glaubwürdig ist es gerade *in* dieser Zerrissenheit.

Man mache sich nichts vor.

(09.09.2017)

Christentum

Ein recht verstandenes Christentum – wie es etwa Karl Rahner unter anderem in seinem *Grundkurs des Glaubens* (Freiburg i. Br.: Verlag Herder, 1976/2008) philosophisch-theologisch bestimmt und begründet hat – ist in gewisser Hinsicht durchaus mit der Kritischen Theorie Adornos und Horkheimers vereinbar. An und für sich sind christlicher Glaube und Kritische Theorie einander völlig äußerlich, werden aber durch das Moment der *Haltung* sehr wohl miteinander vermittelt. Dabei ist diese Haltung nicht etwas Drittes, was von außen hinzutritt, sondern etwas, das beiden notwendig immanent ist: Die Haltung, die aus dem christlichen Glauben folgt, und die der Kritischen Theorie innewohnende weisen starke Affinitäten zueinander auf – die ich für mich persönlich als Haltung eines Gentlemans nehme.

(09.09.2017)

Späne

„Wenn einer erst einmal beschlossen hat: Wo gehobelt wird, da fallen Späne, ist er nicht mehr erreichbar für seine Freunde, denn er hat bereits entschieden, keine mehr zu haben, er hat sie bereits geopfert. Lauter Späne." (Hannah Arendt)

(in: Arendt, Hannah: *Denktagebuch*, Erster Band, München/Berlin: Piper Verlag, 2016, S. 11)

(23.09.2017)

Bildung

Kann man nicht vermitteln. Einzig Dinge, die zur Bildung beizutragen vermögen, Bildung*elemente* können weitergegeben werden. Bildung selbst hingegen ist ein Wachstumsprozeß allein im Individuum: Es bildet sich – und damit sich selbst heraus: Geist (Urteilsvermögen) und Geschmack – und darüber Persönlichkeit. Und einzig daran entscheidet sich, was wirklich Bildungselemente sind. (So gesehn ist ‚Allgemeinbildung' eigentlich ein Widerspruch in sich.)

(23.09.2017)

Engagement

Euphemismus für vorauseilenden Gehorsam.

Auch Blähwort dafür, wenn irgendjemand irgendwie irgendwas gemacht hat.

(23.09.2017)

Äußerlichkeiten (V)

Sich zurechtmachen vor dem Spiegel und sich angemessen kleiden: eine wichtige Grundvoraussetzung dafür, anderen mit Respekt zu begegnen. (Vielleicht auch dafür, Respekt einfordern zu können.)

(23.09.2017)

Europa

Ein deutsches Projekt.

Das Vierte Reich?

(23.09.2017)

Dialektik

Im Denken: die einzige Weise, menschliches Handeln und von Menschen hergestellte Verhältnisse geistig erfassen zu können. (1)

In der Realität: der permanente Umschlag von Freiheit in Unfreiheit als ihrer eigenen permanenten Bedingung, also etwas sowohl in phylogenetischer als auch in ontogenetischer Hinsicht je unbedingt zu Überwindendes.

(1) **Nachtrag vom 27.12.2017:** Also, mag der Leser kommentieren, ist das erkennende Denken über Natur notwendig *nicht* dialektisch – oder wie? Ich muß gestehn, daß ich selbst mich, vor wie nach der Abfassung dieses Beitrages, das immer wieder gefragt habe. Und ich muß diese Frage nach der ‚Nicht-Dialektik' jetzt kategorisch verneinen. Denn eine völlig unberührte, unbearbeitete Natur vermag allenfalls der sinnlichen Anschauung gegenüberzutreten: wenn etwa jemand eine Gegend schaut, die vor ihm noch nie eines Menschen Fuß betreten hat. Wann immer aber jemand *erkennend* zur Natur sich verhalten will, muß er sie entweder durch Separation, Isolation und Präparation praktisch aufbereiten zum Objekt oder ihr vermittelst eines entsprechenden – menschengemachten – Instrumentariums (Röntgenapparat, Radioteleskop, Elektronenmikroskop, Infrarotkamera, Ultra- und Infraschallkonverter etc.) zu Leibe rücken und ihr auf diese, für die sinnliche Wahrnehmung bloß vermittelte Weise dazu verhelfen, ihm überhaupt zu etwas Anzuschauendem zu werden. Naturerkenntnis hat es so also immer schon mit *bearbeiteter*, insofern also:

„menschengemachter" Natur zu tun. Für das erkennende Denken kann es gar keine Natur als solche geben. So gesehn muß man mithin sagen, daß das Denken, verstanden als das redliche Bemühn geistiger Erfassung seines Gegenstandes, sowohl im Individuum wie auch historisch in der Tat letztendlich *immer dialektisch* sich entwickelt. Für den Fortgang des Beitrags ist das freilich ohne Bedeutung; denn dafür bleibt schlicht festzuhalten, daß Dialektik genuin und originär *erst einmal* eine rein *geistige* Figur ist.

(15.10.2017)

Denken und Wirklichkeit

Begriffe – diese notwendigen Bausteine und Resultate des Denkens – sind immer auch Abstraktionen; wie Abstraktionen wiederum das ihnen gemäße Medium zwangsläufig einzig im Denken haben können.

Das Kapital aber, verstanden als die gesellschaftlichen Verhältnisse der kapitalistischen Ökonomie, betreibt Realabstraktion, setzt Denken und Wirklichkeit in eins und vollführt im Prozeß seiner ständigen Verwertung die Selbstbewegung eines geistlosen, sich seiner selbst nicht bewußten Subjekts, wohingegen es die empirischen Subjekte, die ihm unterworfen sind, zu entgeistigten Charakter- und Denkmasken degradiert, deren Denkens und Tuns es bedarf, um seine Selbstbewegung, seine Selbstverwertung zu vollziehen, für die die realen Individuen ihre Lebenszeit, ihre Bedürfnisse und ihre Gesundheit zu opfern haben. Wie Hegel schon treffend irgendwo in seinen *Vorlesungen über die Geschichte der Philosophie* bemerkte:

„Abstraktionen in der Wirklichkeit geltend machen, heißt Wirklichkeit zerstören."

(15.10.2017)

Seltsam?

Zumindest selten:

Neulich erblickte ich auf der Straße einen Mann,

der sah sich zum Verwechseln ähnlich.

(13.11.2017)

Politik und Moral

Wenn Politik moralisch wird, kündigt das unweigerlich an, daß die Bürger künftig noch weniger zu lachen haben werden. Ob die Politiker selbst an ihre Moral glauben oder nicht (– im ersteren Fall gilt das ganz besonders).

(13.11.2017)

Werte

Werte sind das höchste Gut,
weil man für sie sch-terben tut.

(13.11.2017)

Inspiration

Nichts und niemand kann einen inspirieren. Inspirationen sind Eingebungen, zeigen an diesem Begriff also schon, daß ihre Herkunft jeglicher Erklärung sich entzieht. (1) Derjenige, der von inspirierenden Produkten oder Menschen faselt – wie das heute, wo jedermann sich durch irgendeinen Mülleimer inspiriert fühlen darf, üblich ist –, weiß im besten Fall einfach nicht, was er sagt oder wovon er spricht, im weniger günstigen Fall ist er nicht vertrauenswürdig, im schlimmsten unzurechnungsfähig.

---

(1) Am ehrlichsten und wohl auch am dichtesten an der Wahrheit ist jene etwas ‚altmodische' „Erklärung", wonach Inspirationen von Gott kommen. Auch die Ansicht, daß bestimmte Situationen oder Stimmungen einen zu inspirieren vermöchten, kann vielleicht eine gewisse Wahrheit für sich verbuchen. Aber es sind nicht solche Situationen und Stimmungen selbst, die inspirieren, sondern die grundlegende Transzendentalität des Menschen ist es, die Inspiration zu geben vermag – für die dann bestimmte Situationen und Stimmungen durchaus als Geburtshelfer dienen mögen.

(14.11.2017)

Dialektik der Medien

Je smarter das Equipment, desto weniger smart häufig der Nutzer. Je vielfältiger die virtuelle Verbindung *mit* „aller Welt", desto weniger *in* der Welt, desto weltfremder die „Verbundenen".

(Schuld daran ist natürlich nicht die Tatsache, *daß* es den Massen-Buchdruck, die Presse, das Radio, das Fernsehn, das Internet und das Smartphone *gibt*. Der Grund besteht vielmehr darin, daß diese Medien solche in antagonistischen Gesellschaften sind – unter Bedingungen mithin entwickelt worden sind und genutzt werden, in denen, zum einen, der Nutzen der einen notwendig zugleich den Schaden anderer bedeutet und, zum andern, jeder Fortschritt in der Technik, also in der Kontrolle der äußeren Natur a) auch einen Fortschritt in der Kontrolle der inneren Natur des Menschen und zugleich b) eine fortschreitende Versklavung der äußeren wie der inneren Natur darstellt.)

(14.11.2017)

Sinnfrage

Antwort egal.

Die Frage ist schon verkehrt.

(14.11.2017)

Kommen

„Wir freuen uns auf Ihr Kommen." Behördenmäßiges Blähdeutsch mit unfreiwillig sexuellem Anklang und daher besonders lächerlich. Klarstellung darüber, daß man sich auf einen schlichten Besuch oder den Besucher selbst nicht recht zu freuen vermag. Wenigstens ehrlich.

(14.11.2017)

Bildung (II)

Ergänzend zu meinem Beitrag *Bildung* vom 23.09.2017 möchte ich noch anmerken, daß Bildung zwar ein *im* Individuum stattfindender Prozeß ist, aber keineswegs, wie so manche Ideologie es behauptet, *von innen* kommt, sondern, im Zusammenhang der Vermittlung der Bildungselemente, *von außen nach innen* sich vollzieht. Die Grundlage von Bildung stammt allererst aus der *Welt*, sei es in Gestalt sinnlicher Erfahrung, sei es in Form vermittelter Kenntnisse. Erst und einzig auf dieser Grundlage vermag es im Einzelnen zum Prozeß der Bildung zu kommen.

(18.11.2017)

Äußerlichkeiten (VI)

„Die Lüge ist diätetische Lebensnotwendigkeit für jeden Menschen, dem nicht ständig ohne Unterbrechung die letzte strenge Intention auf Wahrheit gegenwärtig ist. Werden ohne sie die Sachverhalte berührt, so entsteht eine Verschmutzung und Verstopfung des Lebens. Nicht zufällig, daß das schrankenlose Alles-Heraus-Sagen sich nicht selten bei Menschen findet, die auch äußerlich unreinlich sind [...]; Gegensatz hierzu der äußerlich gepflegte Typus des Diplomaten." (Walter Benjamin)

(in: Benjamin, Walter: *Gesammelte Schriften*, Band VI, Frankfurt am Main: Suhrkamp Verlag, 1991, S. 62)

(19.11.2017)

Depression

(In memoriam Mark Fisher)

Wenn Depression zur Haltung sich verfestigt hat und in diesem Sinne pathologisch geworden ist, möchte ich um nichts auf der Welt – durch die sie, bei aller Selbstverantwortlichkeit des Depressiven, schließlich hervorgerufen wurde – der Therapeut sein. Die Haltung des Depressiven aber kann so oder so ausfallen. Einer, der sich nicht in die Depression gefügt, sondern sie produktiv gewendet hat, indem er gegen sie anschrieb, hat damit im guten Sinne das Beste aus ihr gemacht: Mark Fisher ist es gelungen, seine Depression als Kritik gegen die Welt zurückzuschleudern. (Diese Kritik soll hier jetzt nicht beurteilt werden.) Daß er mit seinem ‚Freitod‘ der Depression dennoch erlag, spricht weder gegen ihn noch gegen seine Kritik, sondern einzig gegen diese Welt.

Womöglich habe ich unverdientes Glück darin gehabt, seit ich denken kann (1) einen melancholischen Zug an mir zu haben – und damit vielleicht seit jeher gegen pathologische Depression gefeit zu sein: In der Melancholie nämlich vermag das Leiden an der Welt eine Liebe zu ihr zu bewahren – eine *amor mundi*, die notwendig ist, um eine, und sei es mitunter noch so unbegründete Hoffnung auf eine die Welt in ihrer Schlechtigkeit überwindende Versöhnung mit ihr – der Welt – zu hegen. Ohne eine solch „haltlose" Hoffnung wäre ich höchstwahrscheinlich zur folgenlos herumgranteln den Elendsgestalt oder zum angepaßten Jetset-Sozialisten geworden – oder, womöglich schon vor Jahrzehnten, dort gelandet, wo Mark Fisher jetzt seit Anfang des Jahres (2017) weilt.

(Letztendlich aber ist es meine Frau gewesen, die dieses unverdiente Glück überhaupt mir zur *ideell wie praktisch relevanten Haltung* werden ließ. Ihr sei tausend- und abertausendmal Dank.)

----

(1) Nein, ich weigere mich, hier ein grammatisch gebotenes Komma zu setzen: Der Satz ist nicht nur auch ohne dieses Komma verständlich, vielmehr litte seine Verständlichkeit grad *mit* einem solchen Komma.

(20.11.2017)

Atheismus

Aus der uninteressanten Banalität, nicht an Gott (oder Götter) zu glauben, ein eigenes Bekenntnis, ja eine ganze Lehre verfertigen, das bzw. die mit religiöser Inbrunst in die Welt hinausposaunt wird. Häufig antisemitische Momente enthaltend.

(05.12.2017)

Lebenslanges Lernen

Programm zur Verhinderung und Austreibung unreglementierter Erfahrung und kritischen Denkens

(Der zum Terminus ‚lebenslanges Lernen' „lebenslänglich" als Strafmaß assoziiert, liegt mithin so falsch nicht.)

(13.12.2017)

Gelassenheit

Ich kann's echt nicht mehr hören: dieses Gebot, alles gelassen zu nehmen. Mag auch ‚Gelassenheit' ursprünglich die sympathische Bedeutung gehabt haben, sich in Urteil und Haltung nicht durch spontane Impulse beeinträchtigen zu lassen, so ist dieser Begriff heute doch zum Alles-Zulassen verkommen: alles ertragen, alles gleichgültig nehmen, keine Unterschiede machen: So paßt der Einzelne immer zu den Anforderungen, die an ihn gestellt werden. „Gelassene" sind unaufgeregt daherkommende Abziehbilder der Verhältnisse, die sie nicht in der Hand haben.

(13.12.2017)

Werte (II)

Für je notwendiger und dringlicher Werte heute erachtet werden, desto beliebiger und zum Teil auch platter werden sie. Nichts entlarvt die aktuelle Bodenlosigkeit, genauer eigentlich: gesellschaftliche Trag*un*fähigkeit von Werten so sehr wie die allenthalben stattfindende öffentliche Wertediskussion (– in der im Prinzip, wenn auch nicht geduldet, noch jeder Nazi konstruktiv mitmischen könnte).

(13.12.2017)

Team (II)

Euphemismus für: das Kapital sagt an, und die Belegschaft tut so, als handelte sie aus Teamgeist, dessen oberster Repräsentant die Geschäftsleitung bzw. der Vorstand ist. Wehe dem, der da einmal außerhalb des Konsenses sich stellt: Rasch wird die Sau durch die Hallen oder die Büros getrieben.

(13.12.2017)

Loriot

Kennt heut kein Schwein mehr. Und wenn jemand der ‚Heutigen' damit konfrontiert wird, kann er über diesen Humor nicht lachen. Das liegt sicherlich *auch* am Verlust wohlverstandenen Feinsinns in der deutschen Gesellschaft. Vor allem aber ist dieses Faktum darin begründet, daß dem Loriot-Humor schlicht und einfach sein Gegenstand mitsamt der gesellschaftlichen Atmosphäre, in die er eingebettet war, abhandengekommen ist.

(16.12.2017)

Dialektik von Gesetz und Erlösung

Zu diesem Thema, sowohl in seiner theologischen wie auch in seiner weltlichen Bedeutung, fand ich vor kurzem eine sehr erhellende und treffende Passage in Thomas Mauls Buch *Drei Studien zu Paulus – Über den Zusammenhang von Gesetz, Erlösung und Antisemitismus im Christentum* (Berlin: XS-Verlag, 2014). Dort steht auf Seite 6 f. zu lesen:

„[...] Dialektik von Gesetz und Erlösung [...]: Das Gesetz, das vor dem Bösen schützt, und die Erlösung, die auf das Gesetz verzichten kann, weil sie das Böse überwunden hat, sind voneinander nicht streng geschieden. Vielmehr wird so etwas wie Erlösung in der Wirklichkeit erst denkbar, wenn die Aufweichung des Gesetzes mit mindestens im selben Maße gelingender Sublimation aggressiver Triebregungen (denn diese sind ganz allgemein das Böse) einhergeht.

Indem sie die in Hinsicht auf ihre ursprünglichen Ziele notwendig enttäuschten Triebregungen im wahrsten Sinne des Wortes verzärtelt und ihnen statt grob-sinnlicher Abfuhr ästhetische Entwicklung öffnet, steht Sublimation im Mittelpunkt einer nicht-barbarischen Hoffnung auf die Versöhnung von Individuum, Gesellschaft und innerer wie äußerer Natur, von Geist und Leib. Nur Sublimation also macht es möglich, das Gesetz als Schutz vor dem Bösen ohne traumatischen Verzicht zu befolgen – und es damit zu erfüllen und zugleich überflüssig zu machen: säkularisierter Gehalt des Messianischen."

(16.12.2017)

Achtsamkeit

Alle Aufmerksamkeit von Objekten und anderen Personen abziehen und „wertfrei" wie inhaltsleer um die eigene Person kreisen lassen. Egozentrische Weltfremdheit mit der Illusion, dem eigenen Selbsthaß zu entkommen.

(22.12.2017)

Motivation

Sich für eine Notwendigkeit oder einen Zwang einen jenseits aller Objektivität befindlichen, ganz persönlichen Beweggrund einfallen lassen. Der Sache nach also eine Heuchelei – die von vielen „Motivierten" aber schließlich selbst noch geglaubt wird.

(22.12.2017)

Markt und Plan

Die Einwände der Anhänger der ach so freien Marktwirtschaft gegen die zentralistische Planwirtschaft beruhen zu einem Gutteil auf *Projektion*: Sie vergessen nur gar zu gern – flache Hierarchien hin, betriebliche Mitbestimmung her – die innerbetriebliche Despotie, die der Marktwirtschaft zugrundeliegt, auf deren Erfolg sie sich wiederum berufen. Diese Despotie, geleitet vom durch das Konkurrenzprinzip objektivierten und erzwungenen Streben nach Wachstum eines ganz abstrakten, sich nur in Geld, nicht in Gebrauchsgütern bemessenden Reichtums, ist kleinlicher und tyrannischer, als die zentralistische Planwirtschaft je gewesen ist.

(22.12.2017)

Gesundheit

Steht als Wert ganz hoch im Kurs.

Weil im Werkelalltag ihr unabwendbar ruinöser Einsatz verlangt ist.

(27.12.2017)

Lohnarbeiter et al.

„Niemand ist mehr Sklave, als der sich für frei hält, ohne es zu sein."

(Goethe in seinen *Maximen und Reflexionen*)

(27.12.2017)

Konformismus

Auf Deubel komm raus als was Besondres
gelten wollen

(27.12.2017)

Kapitalismus

Ihn zu bekämpfen: eine Donquichotterie.

Abzuschaffen wär er nur,

indem man ihn realiter als das behandelte,

was er längst schon ist:

überflüssig.

(08.01.2018)

Mitleid

Sicherlich nicht die schlechteste unter den menschlichen Rührungen. Als Grundmotiv des Handelns aber ein einziger Terror, der das Opfer, dem das Mitleid gilt, als Opfer unbedingt erhalten will.

(08.01.2018)

Antiautoritarismus

Konformistisches Rebellentum

(08.01.2018)

Lebenslanges Lernen (II)

Vom Kapital und seinen ihm zuarbeitenden Einrichtungen dazu *verurteilt*: der vom Verkauf seiner Arbeitskraft leben muß. Von dem ist heute Flexibilität, Sich-Einstellen auf stets neue Anforderungen in einem Maße verlangt, daß er auf nichts mehr bauen, auf nichts mehr sich verlassen kann – außer auf die Ungewißheit, in die er gestürzt wird.

(14.01.2018)

Karl Kraus

Der nur ist wahrer Literat:

Der nicht die Sprache beherrscht.

Sondern ihr dient.

(21.02.2018)

Denken und Kritik

Von seinem eigentlichen Begriff her ist Denken immer schon Kritik:

geistige Überwindung des Status quo.

(Daher läuft jedes Bestreben, theoretisch in der schlechten Welt sich einzurichten, auf einen Mißbrauch des Denkens hinaus: auf die Versöhnung mit der Unversöhntheit.)

(21.02.2018)

Descartes

Ich denke,

kann also

an allem

zweifeln.

Also bin ich:

unentwegter

Zweifler

(der ich bin).

Gott sei Dank.

(21.02.2018)

Geld

Am Geld kann man schön studieren, wie aus gesellschaftlicher Praxis gewonnene Ideologie *negativ* ein Moment von *Wahrheit* enthalten kann: Mit Geld könne man alles kaufen – so wird das Geld hochgelobt, als wäre es nichts anderes als ein genialer Vermittler der Individuen mit dem gesellschaftlichen Reichtum. Umgekehrt wird ein Schuh draus: Wenn Geld *das* Mittel ist, um am gesellschaftlichen Reichtum zu partizipieren, bedeutet das nämlich zugleich, daß man ohne Geld an diesen Reichtum nicht herankommen kann – bzw.: nicht herankommen *soll*: Geld ist mithin allererst *organisierter Ausschluß* vom Reichtum – andernfalls es als Vermittler ja gar nicht nötig wäre.

Hochgelobt wird das Geld in der Volkswirtschaftslehre (VWL) wie auch im allgemeinen ökonomischen Alltagsbewußtsein (dessen vulgärwissenschaftlicher Ausdruck die VWL ist) also dafür, daß es (als „Kaufmittel") *ein Problem löst, welches ohne es gar nicht bestünde.*

(21.02.2018)

Ethik und Ästhetik

Stimmts in der einen nicht,

dann meist auch in der andern nicht so recht.

Und vice versa.

(23.02.2018)

Unheilige deutsche Allianz

Kapital – europa-imperialistische Politik – „protestantische Weltfrömmigkeit" (Helmuth Plessner) – und eine in ihrem gesamten politischen Spektrum von spechts bis dings weitgehend dazu *passende* Öffentlichkeit

Ein großer, ziemlich heruntergekommener Teil der deutschen Linken hat hieran regen aktiven Anteil, so daß zu wünschen wäre, daß den Betreffenden der Fels, den sie erhoben haben, zu einem guten Stück und schmerzhaft auf ihre eigenen Füße falle.

(18.03.2018)

Kapital und Krise

Das Kapital hat keine Krisen.

Es *ist* die Krise.

(19.03.2018)

Bildung (III)

In Deutschland (nicht nur hier, aber hier ganz besonders) ist Bildung seit geraumer Zeit zu einem Fetisch verkommen und darüber ihres aufklärerischen und humanistischen Gehaltes wie auch ihrer überschießenden emanzipativen Momente weitestgehend entleert worden. Ihr Ziel besteht einzig noch in der direkten Zurichtung der Individuen zu ihrer ökonomischen Verfügbarkeit und Funktionalität sowie in ihrer Indoktrination mit einer politischen Gesinnung, die von der Regierung und einer mehr oder weniger auf ihren Kurs sich eingeschworen habenden Öffentlichkeit vorgegeben wird.

Allein schon wegen ihrer über den Rahmen der bürgerlichen Gesellschaft hinausweisenden Momente hat Bildung in ihrem ursprünglichen Sinne noch nie im vollen Umfang Eingang in die verschiedenen nationalen Bildungssysteme gefunden. Was aber stellenweise seit dem 19., spätestens jedoch seit dem vorigen Jahrhundert konstatiert werden kann, ist eine Entwicklungsgeschichte von Bildung, die zugleich die Geschichte ihres (u. a. durch sukzessive Angleichungen an die Erfordernisse des Kapitals bedingten) Verfalls kennzeichnet – so daß Adorno seinen auf dem 14. Deutschen Soziologentag 1959 in Berlin gehaltenen Vortrag mit *Theorie der Halbbildung* übertitelte. Der Verfallsfortschritt ist inzwischen so groß, daß keine fünfzig Jahre später der Wiener

Philosophie-Professor Konrad Paul Liessmann mit einer *Theorie der Unbildung* nachlegen mußte.

(24.03.2018)

Linker Antisemitismus

Derzeit (noch) nicht eliminatorisch. Noch besteht er „lediglich" darin, Verständnis für einen ungebremsten Antisemitismus (sofern er nicht von rechts kommt) zu entwickeln und ihm Tür und Tor zu öffnen. Linke Antisemiten – die um ihren Antisemitismus häufig nicht einmal wissen bzw. ihn erfolgreich verdrängen – erstreben keineswegs die endgültige Vernichtung der Juden – sie geben die Juden „bloß" zum Abschuß frei. (Diese Haltung ist in Deutschland inzwischen zum politischen Mainstream geworden.)

(08.04.2018)

Frieden

Zustand, in welchem die *Gründe* für den nächsten Krieg gelegt werden.

Also kein per se erstrebenswerter Status.

(10.06.2018)

Sozialstaat

Erfunden von Bismarck, um den letzten revolutionären Impulsen einer schon weitgehend auf den Hund gekommenen sozialdemokratischen Opposition den Wind aus den Segeln zu nehmen; weiterentwickelt und vollendet durch den Nationalsozialismus sowie, im Anschluß daran, durch Christ- und Sozialdemokraten, um das Proletariat endgültig in die Nation zu integrieren. Als obrigkeitsstaatliche Gängelung der Individuen unbedingt zu überwinden – aber nicht durch seine Zerschlagung, sondern dadurch, daß man ihn überflüssig machte.

(10.06.2018)

Fortschritt

Der einzige kontinuierliche Fortschritt in der Geschichte ist der „von der Steinschleuder zur Atombombe" (Adorno).

(10.06.2018)

Die Ferne so nah

Grad darum nach den Sternen greifen:

liegt das Gute doch

Sonar.

(14.09.2018)

Mord und Sprache

„Daß einer ein Mörder ist, muß nichts gegen seinen Stil beweisen. Aber der Stil kann beweisen, daß er ein Mörder ist." (Karl Kraus)

(in: *Die Fackel*, Heft 234-235 (31.10.1907), S. 6 (Quelle: *AAC-Fackel*: http://www.aac.ac.at/fackel, abgerufen am 15.09.2018))

(16.09.2018)

Aus Leidenschaft

Immer wieder liest oder hört man von Dienstleistern und Handwerkern *aus Leidenschaft*. Trotz aller Googelei – und es gibt ja in der Tat die seltsamsten Ortsnamen im deutschsprachigen Raum, wie etwa Lieblos, Petting, Duckmaus, Fucking, und selbst Kalifornien und Amerika finden sich darunter – ist es mir aber nicht gelungen, für Deutschland, Österreich oder die Schweiz einen Ort namens ‚Leidenschaft' auszumachen.

(04.10.2018)

Genie der Sprache

„Aber das eben ist das Genie der Sprache: daß sie Aufträge erfüllt, die ihr nicht erteilt worden sind, und Bastionen im Unbewußten errichtet." (Siegfried Kracauer)

(in: Kracauer, Siegfried: *Straßen in Berlin und anderswo*, Frankfurt am Main: Suhrkamp Verlag, 2009, S. 77)

(04.10.2018)

Kommunismus (II)

In gewisser Hinsicht *ist* die bürgerliche Gesellschaft schon eine, wenn auch verkappte Form von Kommunismus: Über das Geld, wo es zum gesellschaftlich dominanten Verkehrsmittel geworden, ist allererst so etwas wie Gesellschaft im eigentlichen Sinne entstanden – wenngleich in der verdrehten Weise, daß es bloß ein unmittelbar gesellschaftliches – und darin durchaus kommunistisches – Verhältnis von *Sachen*, von *Dingen* hervorgebracht hat. (1) Über dieses Verhältnis stellt sich in der kapitalistischen Ökonomie erstmalig ein wirklich gesellschaftliches, d. h. alle Stammes- und Familienbande sprengendes Beziehungsgeflecht zwischen den Menschen her – ein Beziehungsgeflecht freilich, in welchem aufgrund der realen Verkehrung der gesellschaftlichen Beziehungen der Menschen zueinander in solche zwischen bloßen Dingen lauter vereinzelte Einzelne einander begegnen. Die Gesellschaftlichkeit der Individuen existiert so als etwas außerhalb ihrer Bestehendes, das, als unmittelbare Beziehung von Dingen, das gesellschaftliche Leben in einer gleichsam naturgesetzlichen Weise bestimmt. Daher nimmt das gesellschaftliche Verhältnis der Menschen im kapitalistisch basierten Leben die Form eines Geflechtes von Sachzwängen an.

Kommunismus in einem rationellen Sinne hieße daher, dem der bürgerlichen Gesellschaft bzw. der kapitalistischen Ökonomie notwendig inhärenten verkappten Kommunismus durch *Aufhebung* der Verkehrung gesellschaftlicher in dingliche Beziehungen zum Durchbruch zu verhelfen, und zwar ganz im Sinne der Verheißung der Aufklärung aufs individuelle Glück. Daß der Einzelne sein Glück *nicht gegen* die Anderen, sondern *mit* ihnen erreiche: das ist der Zweck von rationell verstandenem Kommunismus – und dafür bedarf es weder einer Verstaatlichung der Produktionsmittel noch einer sonstigen Anordnung zur Aufhebung des Privateigentums; vielmehr handelte es sich bei einer kommunistischen Gesellschaft um die Wiederherstellung dessen, was Privateigentum in einem gewissen Sinne einmal war und durch das Kapital enteignet wurde. (2) Was die gesellschaftlichen Produktionsmittel wiederum betrifft, hieße Kommunismus schlicht und ergreifend, ihren Einsatz nicht mehr als *Eigentums-*, sondern als Frage einer *einvernehmlich gesellschaftlichen Verfügung* zu regeln – im Sinne eines Darüber-Verfügens, das die Befriedigung der materiellen Bedürfnisse Aller sicherstellte –

nicht mehr und nicht weniger. Und zwar ohne irgendwelche staatlichen „Ausgleichsleistungen"; stattdessen mit dem Zur-Verfügung-Stellen von Möglichkeiten, daß jeder endlich tatsächlich seines Glückes Schmied werden könne, also das wahrzumachen in der Lage sei, was unter kapitalistischen Produktionsbedingungen immer nur ein bloßes, nie wirklich gehaltenes Versprechen zu sein vermag. Kommunismus, recht verstanden, bedeutete also, die Sonntagsreden des Kapitalismus praktisch wahr werden zu lassen. Eben darum darf man, bei aller gebotenen radikalen Kritik an Kapital und Geld, nie hinter den Kapitalismus zurückfallen. Alles andere wäre reaktionär und faschistisch.

---

(1) Wie Hannah Arendt in ihrem Buch *Vita activa oder Vom tätigen Leben* (München: Piper, 2008, S. 56) ausführt, hat bereits die klassische Nationalökonomie eine uneingestandene Ahnung vom kommunistischen Kern der kapitalistischen Ökonomie gehabt:

„Es war nicht erst Marx, sondern die liberalen Wirtschaftstheoretiker selbst, die zu der ‚kommunistischen Fiktion' greifen mußten und von einem Interesse der Gesellschaft als solcher sprachen, das mit ‚unsichtbarer Hand' (Adam Smith) das gesellschaftliche Verhalten aller Menschen leitet und so die Harmonie der widerstreitenden Interessen immer wieder herstellt."

Zu Marx selbst schreibt Hannah Arendt direkt im Anschluß:

„Der Unterschied zwischen Marx und seinen Vorläu-
fern war nur, daß er das Faktum widerstreitender Interessen ebenso ernst nahm wie die wissenschaftliche Hy-
pothese einer diesem Widerstreit heimlich zugrundelie-
genden Harmonie, und er war nur konsequenter, wenn
er hieraus den Schluß zog, daß eine ‚Vergesellschaftung
des Menschen' automatisch zu einer Harmonisierung
der Interessen führen würde; wie sich denn auch sein
Vorschlag, die allen ökonomischen Theorien zugrunde-
liegende ‚kommunistische Fiktion' in der Wirklichkeit zu
etablieren, von den Lehren seiner Vorgänger vor allem
durch größeren Mut auszeichnete." (Ebenda)

Marx hält sie dabei entgegen, daß der „nicht verstand
– und in seiner Zeit schwerlich verstehen konnte – ..., daß
die Keime einer kommunistischen Gesellschaft bereits in
der Realität eines Nationalhaushalts vorgebildet waren
und daß ihre volle Entfaltung nicht so sehr durch irgend-
ein Klasseninteresse sabotiert wurde wie durch die da-
mals schon veraltete monarchische Struktur des Natio-
nalstaats." (Ebenda)

Die volle Entfaltung jener Keime hatte zu der Zeit, als
Arendt dies schrieb, inzwischen längst stattgefunden, so
daß jene in sich verkehrte und sich permanent selbst ver-
kehrende, weil ausschließlich den Lebensnotwendigkei-
ten und der Akkumulation von Besitz und (abstraktem)
Reichtum sich widmende „kommunistische" Gesellschaft ihren Siegeszug weitgehend vollendet hatte und
Arendt sogar eine verdrehte Art und Weise der Realisie-
rung des von Marx und Engels prognostizierten Abster-
bens des Staates konstatieren konnte:

„Wo immer die Gesellschaft sich voll entfaltet und den Sieg über alle anderen, nicht-gesellschaftlichen Elemente davonträgt, zeitigt sie notwendigerweise, wenn auch in verschiedenen Formen, eine solche ‚kommunistische Fiktion', deren Merkmal ist, daß in ihr wirklich mit ‚unsichtbarer Hand' regiert wird, daß ihr Herrscher ein Niemand ist. Dann tritt das bloße Verwalten in der Tat an die Stelle von Staat und Regierung, was Marx ganz richtig als ein ‚Absterben des Staates' vorausgesagt hat, wiewohl er sich irrte, wenn er meinte, daß nur eine Revolution dieser Entwicklung zum Siege verhelfen könnte, und sich verhängnisvoller irrte, wenn er glaubte, daß ein vollständiger Sieg schließlich in das ‚Reich der Freiheit' führen würde." (Ebenda, S. 56 f.)

(2) Ebenfalls in *Vita activa* (s. Fußnote (1)) schreibt Hannah Arendt hierzu:

„[D]er zu einem Anliegen der Öffentlichkeit gewordene gesellschaftliche Reichtum hat solche Proportionen angenommen, daß er die Formen des Privateigentums wie des Privatbesitzes automatisch sprengt. [...] Das eigentlich Bedrohliche an dieser Entwicklung ... ist nicht die Abschaffung des Privatbesitzes, die ohnehin unaufhaltsam ist auch in den Ländern mit angeblich (??) kapitalistischer Wirtschaft, sondern die Abschaffung des Privateigentums, also jene Enteignung, die den Menschen von dem immer begrenzten, dafür aber greifbaren und handhabbaren Stück Welt trennt, das er sein eigen nennt, weil es dem, was ihm eigen ist, allein dient.

[...] Die einzig wirksame Art und Weise, die Dunkelheit dessen zu gewährleisten, was vor dem Licht der Öffentlichkeit verborgen bleiben muß, ist Privateigentum, eine Stätte, zu der niemand Zutritt hat und wo man zugleich geborgen und verborgen ist." (Ebenda, S. 85 ff.)

Im unaufhörlichen Prozeß seiner Akkumulation ent-räumlicht und entweltlicht das Kapital das Privateigen-tum zu einem flüchtigen Moment und enteignet eine Klasse gleich ganz von jedem Rest an weltlich verortba-rem Privateigentum (und schafft und reproduziert sie dadurch immer wieder), so daß diejenigen, die vom Ver-kauf ihrer Arbeitskraft leben müssen, mit Notwendigkeit auf den doppelten skandalösen Irrsinn verwiesen sind, mit diesem leiblichen Vermögen wie mit einem ihnen äu-ßerlich vorausgesetzten Privateigentum umzugehen, ohne aber über den Gebrauch dieses Vermögens wirklich selbst verfügen zu können. Arendt führt in diesem Zu-sammenhang den ‚Vater des Liberalismus', John Locke, an, der in seiner Verteidigung des Privateigentums die-sen Irrsinn bewußtlos ausplaudert:

„Historisch gesprochen ist Lockes These, daß der Ur-sprung allen Eigentums in der Arbeit liege, mehr als zweifelhaft; zweifellos aber ist, daß diese These sich längst bewahrheitet hat, insofern wir ja seit langem unter Bedingungen leben, in denen nur die Fertigkeiten und die Arbeitskraft, die uns wie das Leben selbst zu eigen sind, ein zuverlässiger Besitz sind. Locke stellte seine These auf, um das Privateigentum gegen Angriffe sicher-zustellen, und er meinte, eine unangreifbare Basis für seine Rechte gefunden zu haben, als er auf dasjenige hin-wies, was dem Ärmsten verbleibt, nachdem man ihn ent-eignet hat: die Arbeitskraft, die dann noch übrigbleibt, ist in Wahrheit ein ‚Eigentum' nur noch in metaphorischem Sinne." (Ebenda, S. 85)

(04.10.2018)

Reisen bildet

... sofern und indem es den Horizont erweitert. So wenig wie die deutschen Touristen der 50er, 60er und 70er, die im Ausland monierten, daß es da kein Eisbein mit Sauerkraut gibt, so wenig machen heutige deutsche Urlauber von jenem Bildungsangebot Gebrauch, wenn sie mit fremden Kulturen und Gebräuchen gnadenlos und undifferenziert sich vollsaugen und das als ungeheure Bereicherung empfinden, ohne irgendetwas verstanden oder begriffen zu haben: Sie öffnen sich dem Andersartigen unter Ausschaltung von Urteilskraft und Geschmack (wenn sie überhaupt über so etwas verfügen) – um sich selbst als unglaublich weltoffen und darin als, wie sie meinen, für Deutsche so völlig untypisch zu feiern. Sie merken nicht, wie typisch doitsch sie damit ticken.

(09.10.2018)

Lancia

Bei aller notwendigen Kritik am Mythos, zu dem das Auto selbst geraten ist, sei hier doch einmal eine Lanze *für* es geführt. Karl Kraus hatte schon zu seiner Zeit etwas am Auto entdeckt, was m. E. heute noch immer, ja vielleicht erst recht gilt, als er schrieb:

„Wie? die Menschheit vertrottelt zugunsten des maschinellen Fortschrittes, und wir sollten uns diesen nicht einmal zunutze machen? Sollten mit der Dummheit Zwiesprache halten, wenn wir ihr in einem Automobil entfliehen können?"

(in: *Die Fackel*, Heft 264-265 (18.11.1908), S. 27 (Quelle: *AAC-Fackel*: http://www.aac.ac.at/fackel, abgerufen am 09.10.2018))

(09.10.2018)

Öde und langweilig

Als „öde" und „langweilig" soll Thomas Maul ganz en passant in einem Post auf Facebook die *Naturfreunde* und *Die Falken* bezeichnet haben – was ihm heftig angekreidet worden ist. Dabei hat er sich da in vornehmster Zurückhaltung geübt: Schließlich ist öde und langweilig zu sein doch unbedingt das Vorteilhafteste, was man über jene Vereine sagen kann.

(18.10.2018)

Die Grünen

... können und können ihre historischen Wurzeln nicht verleugnen.

Daß sie als Partei *Die Grünen* doch immerhin ganz klar dem linken Politikspektrum zuzurechnen sind, gilt mir nicht als Einwand – allenfalls als ein Symptom dafür, wie heruntergekommen die Linke schon in den Siebzigern gewesen ist.

(22.10.2018)

Politik

... ist ein dreckiges Geschäft: Dieses weitverbreitete, so abgeklärt daherkommende Urteil entspringt weder einer Enttäuschung noch einer Resignation, sondern stellt, wie die Marxistische Gruppe (MG) schon klarsichtig erkannte, eine Haltung dar, in der der berühmte, so oft bemühte kleine Mann theoretisch seinen Frieden mit den ihm oktroyierten Verhältnissen macht. Ich fürchte aber, das ist nur die halbe Wahrheit: Zu sehr gemahnt die Rede von der Politik als dreckigem Geschäft an die Verächtlichmachung der Parlamente als „Schwatzbuden", hinter der, teils unbewußt, teils sprungbereit, immer schon der „Volkszorn" lauert.

(24.10.2018)

Kulturbereicherung

„Kulturbereicherung! Kulturbereicherung!", tönt es lobhudelnd aus den Mündern solcher, denen Kultur voll am Arsch vorbeigeht.

Als hätten die mit diesem zwiespältigen Lob bedachten Fremden nicht ganz andere Sorgen als die, jenen Kulturlosen oder sonstwem die Kultur zu bereichern.

Das verlangt auch niemand von ihnen. Die Rede von der Kulturbereicherung dient, wo nicht einfach dem Selbstlob des Laudators, der ideologischen Verklärung der unschönen Funktion, die die Flüchtlinge für bundesdeutsche Politik und Wirtschaft einzig haben: als Druckmittel auf die Herkunftsländer, als Manövriermasse in der innereuropäischen Staatenkonkurrenz und als Lohndrücker fürs Kapital.

(02.11.2018)

Klamotten

Die in wachsendem Maße um sich greifende *ernst*gemeinte (d. h. außerhalb der Jugend- und der privateren Umgangssprache vorfindliche) Rede von Kleidung als Klamotten wähnt sich nicht abfällig. Doch Sprache läßt sich nicht so leicht überlisten, und so ergibt eine genauere Betrachtung der betreffenden sprachlichen Entwicklung im Zusammenhang mit der parallelen Entwicklung in der Mode und auf dem Hintergrund der allgemeinen ästhetischen Verrohung, daß die inflationäre Bezeichnung von Kleidungsstücken als Klamotten nur ein weiteres Zeugnis von der allgemein zunehmenden Respektlosigkeit anderen wie sich selbst gegenüber ablegt – häufig selbst dort noch, wo halbwegs ästhetisches Empfinden noch zu obwalten scheint.

Die Mode selbst hat die Verwandlung von Kleidung in Klamotten ganz praktisch auf den Begriff gebracht, indem sie die perverse Lust an der ästhetischen Geringschätzung, die das postmoderne Subjekt seinem eigenen Äußeren entgegenbringt, mit Textilien bedient, die ab Werk schon mit Ausbleichungen, Rissen und Löchern versehen sind (die sich die Anbieter teuer bezahlen lassen). Diesen shabby look kann man Jugendlichen vielleicht noch durchgehn lassen, aber wer als Erwachsener immer noch solche (in der Tat:) Klamotten trägt, praktiziert damit eine Selbstverachtung, in der, ähnlich wie bei überkandideltem Piercing oder Tatooing, auf regelrecht autoaggressive Weise der Haß auf die noch vorhandenen zivilisatorischen Momente an der eigenen Person wie überhaupt auf alles Zivilisatorische zum Ausdruck gelangt.

(18.11.2018)

Graffiti

Von manchen, mitunter durchaus rühmlichen Ausnahmen abgesehn, sind Graffiti weder Kunst noch überhaupt irgendetwas Künstlerisches. Auch transportieren sie in der Regel keine besonderen Botschaften, sondern setzen Reviermarkierungen (– haben also gewissermaßen etwas ‚Hündisches' an sich). Zumeist stellen sie destruktive Akte privater Aneignung öffentlichen Raumes in zivilisationsfeindlicher, völkischer Absicht dar.

(18.11.2018)

Kapitalismus (II)

Nicht grad die beste aller möglichen Welten.

Aber immer noch die beste aller bestehenden.

Kein Grund zur Zufriedenheit.

(05.12.2018)

AfD

Ein Glücksfall für die deutsche Linke

(05.12.2018)

Die deutsche Linke

Ein Glücksfall für die AfD

(23.12.2018)

Leib und Seele

Mitunter steht die Seele dem Leib näher als dem Geist, ja, eigentlich ist sie eine Art Verlängerung des Leibes, ein Teil des Leibes: derjenige nämlich, der ihn vom bloßen Körper unterscheidet.

(23.12.2018)

Ladenpack (Hilfe!)

(Geschrieben nach wiederholter Lektüre gewisser überdreht formulierter Stellenangebote für Ladenpack-hilfen)

Handel läßt dich Spannung missen,

gehst einfach lieber kurz mal pissen?

Oh, sieh dich vor und gib nur acht,

sonst bist du um den Job gebracht.

Denn alles sieht und ist auf Zack:

das allpräsente Ladenpack.

Dich engagieren willst du nicht

für deinen Job, du armer Wicht?

Willst Arbeit nicht fürs Höchste halten?

Fühlst deinen Lebenssinn erkalten?

Dann bringt dich rasend schnell auf Zack

stets bestgelauntes Ladenpack.

Begeist'rung kannst du nicht gewinnen

bei deinem Job, der deinen Sinnen

nichts bietet außer Frust und Leere,

Zermart'rung wie durch hundert Speere?

Sei auf der Hut und sei auf Zack,

sonst prügelt dich das Ladenpack.

Hast keine Lust mehr, dich zu fügen?

Hältst „Team" und „Engagement" für Lügen?

Fängst gar noch an zu agitieren?

Rufst auf zum Test auf Herz und Nieren?

Dann setzt es Kugeln: tack! tack! tack!

vom mörderischen Ladenpack.

(27.12.2018)

Zeitfracht Medien GmbH
Ferdinand-Jühlke-Straße 7
99095 Erfurt, Deutschland
produktsicherheit@kolibri360.de